I0764873

Teófilo Amores Mendoza

Entre dos Columnas

Reflexiones de un itinerario masónico

ENTRE DOS COLUMNAS
Reflexiones de un itinerario masónico

Segunda edición: abril 2026

ISBN: 978-84-09-84364-0

Depósito Legal: CC-000066-2026

A quienes han sido luz en mi camino.

ÍNDICE

Prólogo 11

Introducción 17

I. UMBRAL Y CONTINUIDAD

1. Entre dos Columnas. Despedida y continuidad 21
2. La Cámara de Reflexión 25
3. El método masónico: un camino hacia la transformación interior 29
4. Silencio personal y silencio masónico 33
5. Silencio y oración contemplativa 37

II. EL TRABAJO INTERIOR (Aprendiz)

6. El mazo y el cincel 43
7. A medida que me construyo, construyo 47
8. La marcha del Aprendiz 51
9. La Columna B 55
10. El Compás 59
11. La Cadena de Unión 63
12. Saber esperar, saber escuchar 69
13. Ante el espejo 73
14. Honrar los propios límites 77
15. La venda sobre los ojos 81
16. Ser, deber ser, poder ser 85
17. Ego y criterio 89
18. La búsqueda de la Verdad 93

19. Asumir nuestra Sombra 97
20. La transmutación del YO 103
21. Libertad de conciencia y conciencia de libertad 107
22. Fanatismo 113
23. La Geometría como camino interior 117
24. El espejismo de la libertad 121
25. Diálogo: esa entelequia 125
26. Objeto del Grado de Aprendiz 129

III. CONOCIMIENTO Y APERTURA (Compañero)
27. La Escuadra 135
28. La Plomada 139
29. La escalera como símbolo espiritual y masónico 143
30. La Marcha del Compañero 147
31. Los viajes del Compañero Masón 151
32. Sapere aude, sapere dicere 155
33. Ética y estética: bases para la kalokagathia 159
34. Retórica: convencer, persuadir, enseñar o compartir 162
35. La libertad en el hombre libre 169
36. Las herramientas del Compañero Masón 172
37. La verdad como un absoluto personal 177
38. La Estrella Flamígera 181
39. La letra G 185
40. La coudée o la aplicación del codo como medida 189
41. Nadie es propietario de algo hasta que lo da 193
42. Ser Masón. Estar en Masonería 197
43. Virtud, coherencia, honradez, honor y honra 201
44. La Sagrada Geometría 205
45. Tolerancia 209
46. Encuentros con la soledad 213
47. El Compañero ante la Maestría 217

IV. MUERTE Y TRANSFORMACIÓN (Maestro)

48. En busca del Maestro Interior 223
49. El arte de edificarse 227
50. Muerte y transformación: el simbolismo de Hiram 231
51. En el umbral de la Maestría 235
52. El umbral que no se cierra: del tetraedro al icosaedro 239
53. La herida de la Palabra Perdida: vivir en el vacío fértil 245
54. Hiram Abif y el Maestro Interior 251
55. Donde late la Maestría: la Cámara del Medio 257
56. La Cámara del Medio: mi corazón como Templo 263
57. El Maestro y el tiempo: sabiduría sin reloj 267
58. El susurro del Maestro 271
59. Por las diez puertas del Árbol de la Vida 275
60. La enfermedad como camino iniciático 283
61. Geometría interior y conducta del masón 289
62. Maestría y vida profana 293
63. La autoridad del Maestro 297
64. Maestría y vulnerabilidad 301
65. Transmitir sin imponer. La pedagogía silenciosa 305
66. Compás y círculo. El centro y el límite 309
67. Los otros Maestros 313
68. Más allá del Tercer Grado 317
69. La obra inacabada 321

V. EPÍLOGO

70. Nunc Coepi *(Ahora empiezo)* 327

Prólogo

Hay libros que pretenden explicar, y hay libros que, con mayor honestidad intelectual, se sitúan en el límite mismo de lo explicable. La obra que el lector tiene entre sus manos pertenece con claridad a esta segunda categoría. No porque renuncie al pensamiento, ni porque se abandone a una vaga sugestión espiritualista, sino porque asume, desde sus primeras páginas, que el conocimiento verdaderamente transformador no se impone desde fuera, sino que se despliega en el interior de la persona que lo acoge.

Este libro no se ofrece como sistema, ni como tratado cerrado, ni como doctrina susceptible de ser aprendida en términos convencionales. Se presenta, más bien, como un espacio de tránsito, como un territorio intermedio en el que la palabra no clausura el sentido, sino que lo abre. En ese sentido, su estructura, articulada en torno a etapas que evocan el proceso iniciático, no responde a una voluntad clasificatoria, sino a la necesidad de acompañar el paso desde el mundo exterior hacia una forma más profunda de comprensión de uno mismo y del mundo.

Desde este punto de vista, el lector advertirá pronto que la obra se construye sobre una tensión constante entre lo dicho y lo no dicho. No se trata de una carencia, sino de una decisión deliberada. La palabra, aquí, no pretende agotar el significado, sino señalarlo. Cada reflexión, cada imagen, cada evocación simbólica funciona como un umbral que invita a ser atravesado y no como un contenido que deba ser retenido de manera definitiva.

Esta opción tiene consecuencias relevantes. En primer lugar, reorienta el foco argumental del texto hacia la experiencia del lector. No basta con leer; es necesario implicarse. No basta con comprender; es preciso abrirse hacia lo que transforma. El libro no se dirige a un observador externo, sino a persona que reconoce, aunque sea de manera incipiente, que su propia construcción interior es una tarea inacabada.

En segundo lugar, esta forma de escritura introduce una exigencia ética. Si el conocimiento no es mera acumulación de ideas, sino transformación del ser, entonces toda reflexión comporta una responsabilidad. No se trata de saber más, sino de ser de otro modo. Y esa transformación, lejos de cualquier retórica grandilocuente, se presenta aquí como trabajo, como disciplina, como perseverancia silenciosa.

Uno de los aciertos más notables de la obra reside en su capacidad para integrar tradición y experiencia sin reducir ninguna de ellas a la otra. Los símbolos, las referencias rituales, las evocaciones de antiguas enseñanzas no aparecen como elementos arqueológicos ni como reliquias de un pasado idealizado. Tampoco se presentan como verdades indiscutibles que deban ser aceptadas sin examen. Funcionan, más bien, como dispositivos de sentido, como formas de lenguaje que permiten pensar lo que de otro modo permanecería inaccesible.

Así, la tradición no se impone, sino que se propone. Y el lector es invitado a dialogar con ella, a contrastarla con su propia experiencia, a dejar que resuene en su interior de manera singular. Esta relación dinámica evita tanto el dogmatismo como el relativismo, situando el texto en un equilibrio difícil, pero fecundo; el de una fidelidad que no excluye la interpretación.

En este contexto, el motivo de la búsqueda adquiere un protagonismo central. No como una empresa orientada a la obtención de resultados definitivos, sino como una actitud permanente. Buscar no significa aquí encontrar respuestas concluyentes, sino aprender a habitar la pregunta. La obra insiste, de manera implícita y explícita, en que la verdadera profundidad del conocimiento no reside en la posesión de certezas, sino en la capacidad de sostener la incertidumbre sin reducirla.

Esta idea alcanza una de sus formulaciones más densas en torno al símbolo de la palabra ausente. Lejos de ser interpretada como un simple enigma que deba resolverse, esta ausencia se presenta como una dimensión constitutiva de la experiencia humana. No es un vacío que haya que llenar, sino un espacio que hace posible la búsqueda misma. En ese sentido, la carencia no es defecto, sino condición.

Esta inversión de perspectiva resulta especialmente significativa en un contexto cultural que tiende a identificar el saber con la acumulación. Frente a esa lógica, el texto propone una comprensión más exigente ya que solo quien reconoce sus propias carencias está en condiciones de abrirse a una forma más alta de comprensión.

No se trata, conviene subrayarlo, de una exaltación de la indeterminación ni de una renuncia al rigor. Muy al contrario, la obra se caracteriza por una notable precisión conceptual, aunque esta no adopte la forma de definiciones cerradas. El lenguaje es cuidado, medido, consciente de sus límites. Cada término parece elegido no solo por su significado, sino por su capacidad de sugerir más allá de lo que enuncia.

Este uso del lenguaje remite a una concepción más amplia del conocimiento. No todo puede ser dicho del mismo modo, ni todo conocimiento es reducible a proposiciones explícitas. Hay dimensiones de la experiencia que requieren formas de expresión indirectas, simbólicas, incluso poéticas.

Lejos de ser un recurso ornamental, este tipo de lenguaje responde a la naturaleza misma de lo que se intenta pensar.

Otro aspecto destacable es la atención constante al trabajo interior. La obra no se limita a describir un itinerario, sino que lo encarna en sus propios contenidos. Las reflexiones sobre herramientas simbólicas, sobre actitudes, sobre procesos de transformación no son meras exposiciones teóricas, sino invitaciones a una práctica. El lector no es un receptor pasivo, sino un agente llamado a intervenir en su propia construcción.

Esta dimensión práctica se manifiesta también en la importancia concedida al silencio. En un tiempo caracterizado por la saturación de discursos, el texto reivindica el valor de la pausa, de la escucha, de la interioridad. El silencio no aparece como ausencia de palabra, sino como su condición de posibilidad. Solo en ese espacio puede surgir una comprensión que no sea mera repetición.

En última instancia, el libro propone una determinada forma de habitar el mundo. No como dominio, ni como acumulación, ni como afirmación del ego, sino como apertura. Apertura a lo otro, a lo distinto, a lo que no se deja reducir a categorías previas. Esta actitud implica una forma de humildad que no es debilidad, sino reconocimiento de la complejidad de lo real.

El lector que se acerque a estas páginas con expectativas de claridad inmediata o de respuestas concluyentes puede experimentar cierta resistencia inicial. Pero si acepta la invitación que se le hace, la de recorrer el texto como quien recorre un camino, descubrirá que la verdadera coherencia de la obra no se encuentra en la linealidad de sus argumentos, sino en la continuidad de su intención.

No es un libro para ser consumido, sino para ser trabajado. No es un texto que se agote en una lectura, sino que exige ser retomado, releído, meditado. En ese sentido, su valor no reside únicamente en lo que dice, sino en lo que provoca. Cada página puede convertirse en punto de partida para una reflexión más amplia, para una interrogación personal que excede el marco del propio libro.

Quizá esa sea, en última instancia, la medida de su alcance. No la capacidad de ofrecer respuestas, sino la de suscitar preguntas más profundas. No la de cerrar un discurso, sino la de abrir un proceso. En un tiempo en el que abundan las certezas rápidas y las explicaciones simplificadoras, una obra que se atreve a sostener la complejidad y la incompletitud constituye, sin duda, una aportación valiosa.

Quede, por tanto, el lector advertido: lo que aquí se le ofrece no es un conjunto de conclusiones, sino una invitación. A pensar, a cuestionar, a detenerse, a continuar. A situarse, en definitiva, entre dos columnas que no delimitan un espacio cerrado, sino que señalan la posibilidad siempre abierta de seguir avanzando.

Jesús Soriano Carrillo

Soberano Gran Comendador

Supremo Consejo del grado 33 para España

INTRODUCCIÓN

Este libro no nace de la intención de enseñar nada a nadie sino del deseo de compartir una experiencia. Durante años he ido escribiendo textos que intentaban dar forma a una búsqueda interior sostenida en el tiempo, atravesada por símbolos, silencios, dudas y aprendizajes. Con el paso de los años comprendí que esos escritos, dispersos en su origen, componían en realidad un itinerario.

No se trata de un manual doctrinal ni de una exposición sistemática de símbolos. Tampoco pretende ofrecer recetas ni caminos prefijados. Es, más bien, el testimonio de un trabajo personal: el esfuerzo por vivir de manera coherente aquello que se piensa y se cree. Los textos que aquí se recogen nacen de esa tensión entre la idea y la vida.

El lector encontrará reflexiones sobre el trabajo interior, la libertad de conciencia, el silencio, la construcción del carácter, la enfermedad, la transformación y la continuidad. Muchos de estos temas se apoyan en una tradición simbólica concreta, pero su intención es más amplia: hablar del ser humano y de su permanente tarea de hacerse a sí mismo.

La obra se articula en cinco bloques que recorren distintas etapas de ese proceso: el umbral, el trabajo interior, la apertura al conocimiento, la transformación y un epílogo que no cierra nada, sino que señala que el camino continúa.

Escribo estas líneas en una etapa avanzada de mi vida. Lejos de sentir que el recorrido está concluido, tengo la sensación de que cada día vuelve a comenzar. Quizá por eso este libro no es un punto final, sino una invitación a seguir trabajando, cada cual en su propio ámbito y con sus propias herramientas.

Si estas páginas sirven para acompañar, aunque sea brevemente, a algún lector en su propio camino, el propósito estará cumplido.

El autor

I. Umbral y continuidad

ENTRE DOS COLUMNAS

Despedida y continuidad

Fui iniciado masón en la R.·.L.·.S.·. Los Fratres nº 120 el 17 de julio de 2021. Pocos meses antes había cumplido setenta y un años, una edad poco habitual para comenzar este camino. Han transcurrido cuatro años y medio desde entonces, un tiempo suficiente para que la vida masónica deje de ser promesa y se convierta en experiencia.

Fue mía la decisión de llamar a la puerta del Templo, pero fue Fratres la nave en la que emprendí la travesía. Allí viví las etapas iniciales de mi formación y allí comenzaron a forjarse las primeras herramientas de mi labor interior.

La primera etapa fue la más ardua. No me costó aprender los símbolos; lo verdaderamente difícil fue aplicarlos a mí mismo. Hubo desalientos, decepciones y más de una tentación de abandonar. Las aristas de mi piedra bruta ofrecieron resistencia, y el cincel hubo de golpear largo tiempo antes de que algunas comenzaran a ceder.

También me resultó complejo asumir ciertos usos extrarituales, ajenos en parte a mi modo de ser. Sin embargo, la convivencia con los Hermanos y, sobre todo, el amor por la Orden, me fueron haciendo más paciente, más atento, más dispuesto a dejarme modelar.

El paso al Grado de Compañero abrió ante mí un territorio amplio y fecundo. Ese largo tiempo de estudio, reflexión y escritura me reveló una verdad esencial: cuanto más se conoce, más consciente se es de lo mucho que se ignora. Sentí entonces la necesidad de nutrirme también en otros Valles; el encuentro con nuevos Hermanos ensanchó mi mirada y enriqueció mis preguntas.

Todo ese proceso ha sido, para mí, una elaboración lenta y exigente. Como una masa que debe ser trabajada con constancia antes de convertirse en alimento.

Conservo en la memoria y en el corazón a todos los HH.·. que me han acompañado. Cada uno, en su grado y condición, ha sido fuente de luz en momentos de oscuridad. A todos me siento hondamente agradecido.

Hoy comprendo que elegir dónde trabajar no es huir, sino afirmar el propio camino. Cambiar de Logia es siempre un tránsito delicado, pero también un acto legítimo de libertad interior. Hay decisiones que no nacen del rechazo, sino de la fidelidad al compromiso adquirido el día de la Iniciación.

Ningún lazo verdadero se rompe. El Templo no es un edificio: es una conciencia en marcha. El cambio que hoy asumo no es de lugar, sino de ritmo interior.

No todos los cambios se producen en la superficie de la vida. Algunos ocurren en regiones más silenciosas, allí donde el alma madura no por acumulación de certezas, sino por desprendimiento de lo que ya no sirve para seguir caminando. Hay momentos en que la construcción exterior deja de acompasarse con la obra interior, y entonces el masón, por honestidad consigo mismo, debe escuchar ese desajuste y actuar.

Ese tipo de decisiones exige una valentía particular: aceptar que el crecimiento no siempre es cómodo, que la fidelidad al camino no coincide con la comodidad de las costumbres, y que la serenidad no se alcanza evitando el dolor, sino atravesándolo con fidelidad interior.

Comprendo que el verdadero desapego no consiste en marcharse, sino en marchar sin romper; no en olvidar, sino en integrar; no en negar lo vivido, sino en transformarlo en gratitud.

Llegar a la R.·.L.·.S.·. HELMÁNTICA nº 182 no ha supuesto comenzar de nuevo, sino proseguir de otro modo. He hallado allí un espacio de empeño sereno y exigente, donde el silencio es fecundo y la palabra se ofrece con medida. No he tenido que explicar mi paso: he sido acogido en él.

Nada de lo vivido queda atrás. Cada tenida, cada plancha, cada diálogo compartido, cada silencio sostenido forma parte del edificio invisible que hoy me sostiene. No se abandona una obra verdadera: se la continúa desde otra perspectiva.

Mi compromiso con la Orden no ha disminuido; se ha vuelto más sobrio, más consciente y más interior. No ha sido un descubrimiento inmediato, sino una maduración lenta. Ya no se apoya en la ilusión de la meta, sino en la fidelidad silenciosa al trabajo cotidiano, allí donde el hombre se encuentra a solas con su conciencia y con su deber. Sé que mi construcción quedará siempre incompleta, pero también sé que cada piedra colocada con verdad hace el mundo un poco más habitable.

He llegado así a este punto del camino, situado simbólicamente entre dos columnas. Una sostiene la memoria de lo vivido; la otra, la promesa de lo que continúa. Entre ambas no hay ruptura: hay Templo, hay sentido, hay permanencia.

Hoy sé que la verdadera Logia no está hecha de muros ni de nombres, sino de conciencia despierta, fidelidad al trabajo interior y una forma de estar en el mundo que no se negocia con la comodidad ni con el miedo.

Sigo caminando. No porque esté seguro de llegar, sino porque he comprendido que el camino, recorrido con verdad y conciencia, es ya una forma de llegada.

Y cada etapa, incluso la que parece cerrar una puerta, no hace sino abrir un nuevo umbral.

LA CÁMARA DE REFLEXIÓN

«Caballero, os dejo en esta caverna, en el seno de la tierra, que es el lugar de vuestra muerte al mundo profano. Responded a las preguntas que veréis en esta hoja y redactad vuestro testamento filosófico. Volveremos a buscaros cuando sea el momento». Estas palabras, pronunciadas por el H.·. Terrible o Experto al retirar la venda al neófito, marcan el inicio de una experiencia profundamente simbólica: la soledad de la Cámara de Reflexión.

Mucho se ha escrito sobre este espacio y sobre su aparición en la Masonería moderna. Todo parece indicar que no existió en los primeros momentos de la Orden, incorporándose en Francia hacia finales del siglo XVIII. Aparece como *Cámara de Preparación* en el ritual de 1782 del Rito Escocés Rectificado y como *Cámara de Reflexiones* en el Ritual de 1785 del Rito Francés. Su propia denominación sugiere que originalmente se trataba de una estancia de dimensiones normales, distinta de los pequeños cubículos que hoy suelen emplearse.

Generalmente se describe como un recinto reducido, oscuro, apenas iluminado por una vela, con una mesa y un asiento sencillo. No hay en él nada superfluo: todo invita a la introspección. Herrera Michel distingue dos momentos durante la estancia del candidato: primero, una confrontación con la fragilidad de la existencia; después, un intento espontáneo de comprender el sentido de aquello que le rodea y anticipar el objeto de la iniciación.

El término «Reflexión» resulta esencial. John Locke señaló la reflexión como fuente de ideas nacidas de la observación interior de la propia mente. Detenerse, observar y pensar constituye el primer acto consciente hacia el conocimiento personal. Así, el candidato, aislado en la Cámara, inicia sin saberlo un ejercicio de pensamiento propio.

Llama la atención que, pese a la riqueza simbólica del lugar, rara vez se vuelve después a profundizar en su significado. Sin embargo, el paso por la Cámara constituye un primer contacto real con el camino iniciático: una invitación silenciosa a contemplar, intuir y comenzar a despertar.

Las interpretaciones sobre la Cámara de Reflexión son numerosas y, en ocasiones, sorprendentes. Los símbolos permiten múltiples lecturas, pero quizá la más sencilla sea también la más profunda: la Cámara como imagen del propio ser humano, espacio de encierro y a la vez de germinación.

La oscuridad, apenas vencida por la luz de la vela, remite al estado alquímico del nigredo: la disolución de la identidad anterior para preparar un nuevo nacimiento. El candidato, despojado de sus metales, se enfrenta simbólicamente a su muerte iniciática. Este encierro puede entenderse como purificación de las vanidades acumuladas durante la vida profana.

A menudo se considera esta experiencia como la prueba de la tierra, primera de las pruebas simbólicas. El grano de trigo que muere para dar fruto evoca la transformación necesaria para todo aspirante que desee renacer interiormente.

Los símbolos principales:

EL COLOR NEGRO envuelve al candidato recordándole su estado de ignorancia y su condición de no nacido a la luz. No es un final, sino un comienzo: se entra en la oscuridad para preparar el despertar.

EL CRÁNEO sugiere la igualdad última de todos los seres humanos y confronta al candidato con la fugacidad de la inteligencia, la vanidad y el prestigio.

EL PAN y EL AGUA remiten a la sencillez y a la austeridad. Representan el alimento esencial, pero también el trabajo humano y la purificación interior.

EL RELOJ DE ARENA invita a reflexionar sobre el tiempo vivido y el que aún queda por recorrer. Recuerda la urgencia silenciosa de una vida con sentido.

EL GALLO, acompañado de las palabras «Vigilancia» y «Perseverancia», anuncia la llegada de la luz y simboliza el despertar progresivo de la conciencia.

EL AZUFRE, EL MERCURIO Y LA SAL evocan el ternario alquímico. Más que elementos materiales, sugieren dimensiones del propio ser: energía, transformación y estabilidad.

LA LÁMPARA SEPULCRAL es la única luz presente. Puede entenderse como promesa de conocimiento y como llamada a convertirse uno mismo en luz para los demás.

EL ESPEJO invita al candidato a mirarse sin artificios. No refleja solo un rostro, sino la pregunta esencial sobre quién es y qué busca realmente.

EL TRIANGULAR, con sus preguntas fundamentales, conduce al momento más íntimo de la experiencia: el testamento moral. Allí, en silencio, el candidato comienza a definir el sentido que desea dar a su vida.

EL ACRÓSTICO VITRIOL —Visita Interiora Terrae Rectificando Invenies Occultum Lapidem— resume la esencia del proceso: descender al propio interior para descubrir la piedra oculta. No se trata de una búsqueda externa, sino de una rectificación interior constante.

Las frases inspiradoras que pueden encontrarse en la Cámara refuerzan esta idea: invitan a la honestidad, a la humildad y al compromiso con una vida consciente.

La Cámara de Reflexión constituye el verdadero umbral iniciático y todo grado exige volver a descender a esa "caverna". Antes de cualquier palabra o enseñanza, el candidato se enfrenta a sí mismo en un espacio donde todo parece extraño y, a la vez, profundamente significativo.

No recibe aún la luz que busca, pero comienza a intuirla. Rodeado de símbolos cuyo sentido quizá no comprenda plenamente, experimenta una sacudida interior que deja huella duradera. Con el tiempo, muchos masones regresan mentalmente a ese lugar y descubren nuevos significados en lo que entonces apenas pudieron intuir.

Tal vez por ello sería valioso que las Logias animaran a los nuevos Aprendices a revisitar simbólicamente esta experiencia, no para imponer interpretaciones cerradas, sino para favorecer que cada uno construya su propio pensamiento.

La Cámara de Reflexión no es solo un espacio físico: es una invitación permanente a descender al interior de uno mismo y comenzar, en silencio, el camino hacia la luz.

Quien ha aprendido a descender a su propia Cámara de Reflexión ha dado ya el primer paso del verdadero método iniciático.

EL MÉTODO MASÓNICO: UN CAMINO HACIA LA TRANSFORMACIÓN INTERIOR

Mucho se ha escrito sobre el pensamiento masónico, sus símbolos, sus orígenes o su dimensión histórica. Pero no siempre se aborda con claridad lo que constituye el corazón operativo de la experiencia masónica: **su método**. No es un sistema doctrinal, ni un cuerpo de enseñanzas cerradas, ni una filosofía especulativa. El método masónico no se enseña, **se** practica y se vive. Es una vía, una forma de aproximación al conocimiento y al perfeccionamiento del ser humano, que solo cobra sentido en quien se entrega a él con sinceridad y constancia.

A diferencia de las doctrinas, que pretenden transmitir verdades definidas, este itinerario ofrece un espacio para que cada cual descubra su verdad. Lo hace mediante el lenguaje simbólico, el silencio ritual, la estructura del Templo, el trabajo conjunto y el estudio reflexivo. Se trata de un proceso de metamorfosis del ser, sostenido por una práctica continua, en la que el iniciado se convierte en el artífice de su propia reconstrucción.

El ingreso a la masonería no es un acto administrativo ni una mera aceptación formal. Es un rito de paso, un despertar ritualizado que introduce al hermano en una dimensión simbólica de la existencia. En el centro de esta vivencia está la máxima hermética **VITRIOL**: VISITA EL INTERIOR DE LA TIERRA, Y RECTIFICANDO HALLARÁS LA PIEDRA OCULTA. Esa tierra es uno mismo, y ese descenso —a menudo oscuro y desconcertante— es el primer movimiento del método masónico.

La iniciación es un comienzo, no una llegada. Lo he experimentado en mi propio recorrido: la iniciación no resuelve, despierta. A partir de ella se despliega una secuencia de etapas en las que quien emprende este camino, enfrentado a su ignorancia, su orgullo o su temor, debe comenzar el trabajo de desbastar su piedra bruta. No se trata de cambiar de pensamiento, sino de transmutar el ser.

Esta vía iniciática se despliega de forma progresiva, a través de la interacción entre lenguaje simbólico y experiencia personal. El símbolo no es un objeto decorativo ni un concepto que deba entenderse con rapidez. Su función es otra: provocar un estado de contemplación y resonancia interior.

Primero se contempla el símbolo. Se observa sin querer poseerlo, se le rodea con silencio y paciencia. Luego, la imagen ritual se vuelve espejo, y lo que uno ve no es un objeto externo, sino una parte de sí mismo. Finalmente, si el empeño ha sido sincero, el símbolo se convierte en herramienta de transformación. La escuadra, el compás, el nivel, el cincel... no son solo instrumentos de construcción, sino emblemas vivos de una arquitectura interna.

Este proceso lleva, paso a paso, de la dispersión al orden, del ruido a la armonía, de la inercia a la conciencia. Se trata de una pedagogía de la libertad, donde no se impone una forma sino que se invita a modelarse desde dentro.

El método masónico no es cómodo ni rápido. Como toda labor artesanal, exige tiempo, disciplina, humildad y una voluntad firme. Uno de los obstáculos más frecuentes es la soledad interior: el iniciado comprende pronto que el trabajo más importante no puede delegarse ni compartirse plenamente. Es en ese espacio íntimo donde aparecen también la duda, la impaciencia, la pereza o el autoengaño.

La autoexigencia puede llevar a la rigidez; el orgullo, a creer que uno ya ha comprendido todo; la cobardía, a evitar los pasos decisivos. A veces, la mayor dificultad no es el error, sino la rutina. Cuando la herramienta iniciática deja de inquietar y la palabra deja de iluminar, el método se apaga. El hermano corre entonces el riesgo de convertirse en un mero actor ritual, sin fuego interno.

Frente a estas dificultades, este proceso ofrece medios discretos pero poderosos. El primero es el Templo, espacio simbólico donde el tiempo ordinario se suspende y el alma puede reencontrarse consigo misma. Allí, el silencio no es ausencia de sonido, sino presencia de sentido. Allí, la palabra no es discurso, sino Verbo que ordena.

El segundo medio es el símbolo, que actúa como espejo y guía. A diferencia del discurso moral, la imagen ritual no exige obediencia ni adoctrina: invita a la interpretación libre y a la experiencia transformadora. Cada Hermano extrae del símbolo lo que está preparado para ver, y por eso el método nunca se impone: se revela en la medida en que uno se abre a él. Pero el proceso no se agota en la contemplación individual.

El tercer medio es el ejercicio compartido, la palabra dicha en el ágape del espíritu, la corrección fraterna, la escucha sincera. La Fraternidad no es una forma de consuelo, sino una red de sostén y estímulo. En Logia, el Hermano es espejo del Hermano. Nadie camina por otro, pero nadie está solo en su caminar.

Y finalmente, el método exige constancia y repetición, no como rutina vacía, sino como ritmo creador. El ritual repetido, el gesto preciso, la atención constante, la revisión crítica de los propios progresos: todo ello va calando en el alma como el agua en la piedra.

El método masónico no es un itinerario cerrado ni una doctrina de perfección. Es una vía de acceso a uno mismo, un arte de vivir con sentido y en armonía. No se trata de huir del mundo, sino de transcender la materialidad de lo cotidiano, de llevar al mundo lo mejor de lo que hemos descubierto en nosotros. Es una vía de integración, donde lo personal y lo universal se entrelazan.

Transformarse para construir. Cincelarse para encajar. Ser piedra viva para contribuir al Templo común. Esta es, en definitiva, la esencia del método masónico. Y cada paso en ese camino es ya parte de la obra. Incluso cuando el progreso parece imperceptible, cada esfuerzo sincero deja huella en la piedra invisible que estamos llamados a tallar.

SILENCIO PERSONAL Y SILENCIO MASÓNICO

El silencio forma parte esencial de la vida del ser humano. No es únicamente la ausencia de palabras, sino un ámbito donde se gestan la reflexión, la escucha y la maduración interior. Puede parecer paradójico que en una civilización dominada por el ruido, la inmediatez y la sobreexposición constante, el silencio se convierta en una elección consciente, casi en un acto de resistencia.

El hombre comienza su existencia en la quietud. El vientre materno es un espacio oscuro y protegido donde los sonidos exteriores llegan amortiguados. Allí se desarrolla la vida en condiciones de serenidad y recogimiento. No es casual que las unidades neonatales modernas intenten reproducir ese ambiente, conscientes de que el exceso de estímulos puede alterar el crecimiento del recién nacido. Podría afirmarse que el recogimiento constituye el entorno natural del ser humano en su origen.

Con el paso del tiempo, sin embargo, ese silencio originario se ve sustituido por un entorno saturado de estímulos. La tecnología nos mantiene permanentemente conectados; la información fluye sin descanso; las conversaciones, los mensajes y las imágenes compiten por nuestra atención. En ese contexto, el silencio ya no es el ambiente natural, sino una conquista.

Existen personas que huyen del silencio porque les incomoda. La actitud de atención obliga a enfrentarse a uno mismo: a pensamientos no resueltos, a errores, a miedos o a decisiones postergadas. Por eso llenan sus horas de sonidos constantes. Otras, en cambio, optan deliberadamente por espacios de quietud. No buscan aislamiento, sino claridad. No desean vacío, sino orden interior.

Durante años yo mismo confundí el silencio con ausencia de actividad, hasta comprender que era precisamente el espacio donde comenzaba a ordenarse mi vida.

Confieso haber encontrado en el silencio un espacio propicio para examinar mi vida. Es en esos momentos de recogimiento cuando puedo revisar mis actos, mis reacciones y mis motivaciones. El callar no me proporciona respuestas automáticas, pero sí me ofrece la posibilidad de formular mejor las preguntas. Desde esa actitud interior surgió la convicción de que el trabajo sobre mi propia piedra bruta requería método y acompañamiento, y que la Orden podía ofrecerme ambos.

Al ingresar en Masonería, el silencio adquirió para mí un significado nuevo. Dejó de ser solo una opción personal para convertirse también en disciplina iniciática.

La experiencia masónica me ayudó a comprender que esta actitud no era solo personal, sino también iniciática.

En nuestra Orden puede distinguirse una triple dimensión del silencio.

La primera es el respeto hacia la palabra ajena. No interrumpir, escuchar con atención, no anticipar juicios mientras otro hermano se expresa. Este silencio no es simple cortesía; es reconocimiento de que siempre podemos aprender algo. Escuchar implica aceptar que no poseemos la totalidad de la verdad.

La segunda dimensión es el silencio ritual. Durante los Trabajos solo se habla cuando el Ritual lo permite y conforme al orden establecido. Esta limitación introduce armonía y evita la dispersión. El silencio protege el espacio sagrado del Taller, preservando la concentración necesaria para que cada gesto y cada palabra adquieran su verdadero peso simbólico.

La tercera dimensión afecta de manera particular al Aprendiz. El silencio que se le pide no es pasividad ni exclusión; es método. No hablar en Logia durante el tiempo establecido no significa carecer de ideas, sino dedicar toda la energía a observar, escuchar y meditar. El Aprendiz está llamado a descubrir el significado profundo de los símbolos antes de intentar interpretarlos públicamente.

He comprobado que este silencio no siempre resulta sencillo. La vida profana nos acostumbra a intervenir con rapidez, a opinar incluso sin reflexión previa. El silencio impuesto por la disciplina iniciática puede sentirse inicialmente como una restricción. Sin embargo, con el tiempo se revela como herramienta de transformación.

Guardar silencio obliga a pensar antes de hablar porque nuestras palabras cambian cuando nacen de él, haciendo que la intervención se vuelva más responsable. Obliga a distinguir entre lo esencial y lo accesorio. Obliga a reconocer cuánto de nuestro discurso nace del deseo de afirmar el propio ego más que de aportar claridad. En ese sentido, el silencio se convierte en equivalente simbólico del mazo y el cincel: instrumento que ayuda a desprender esquirlas de la piedra bruta.

Existe además un silencio interior que trasciende el mero callar exterior. Puede guardarse silencio verbal y, sin embargo, mantener una mente agitada. El verdadero trabajo consiste en aquietar también esa agitación. Durante los Trabajos, cuando es posible, cerrar los ojos me ha ayudado a concentrarme en la palabra pronunciada y a escuchar desde un lugar más profundo. El silencio visual favorece el silencio mental.

El silencio masónico no es aislamiento ni mutismo. Es disposición activa. Es disciplina que ordena el pensamiento y prepara la comprensión. Es método que evita la superficialidad y favorece la interiorización del símbolo.

En una época dominada por la prisa y la reacción inmediata, el silencio representa una elección consciente. No implica huir del mundo, sino habitarlo con mayor lucidez. El silencio personal nos enseña a escucharnos; el silencio masónico nos enseña a escuchar a los demás y a los símbolos. Ambos, unidos, preparan el terreno para una transformación auténtica.

Tal vez por eso el silencio no deba entenderse como una simple ausencia de sonido, sino como una actitud permanente. Una actitud que nos invita a visitar el interior de nuestra propia tierra antes de pretender transformar nada fuera de nosotros.

Quizá por eso haya que entender que el verdadero silencio no es el que se impone desde fuera, sino el que nace de una convicción interior: que antes de transformar el mundo, debo ordenar mi propio corazón.

SILENCIO Y ORACIÓN CONTEMPLATIVA

«El silencio es tan necesario como el aire que respiras, como la luz para las plantas. Si tu mente está repleta de palabras y pensamientos, no te quedará un espacio para ti». Esta afirmación de Thich Nhat Hanh resume con claridad una intuición universal: sin silencio no hay espacio interior, y sin espacio interior no hay encuentro verdadero.

A lo largo de mi vida he descubierto que el callar profundo puede ser mucho más que una disciplina psicológica o una actitud ética. Puede convertirse en ámbito de experiencia espiritual. No surge de manera automática ni se impone por decreto; requiere una búsqueda paciente y una disposición interior que se va madurando con el tiempo.

El primer paso suele ser el silencio exterior. Buscar un lugar sereno, alejado de ruidos y distracciones. Pero pronto se advierte que el verdadero obstáculo no está fuera, sino dentro. Pensamientos repetitivos, preocupaciones constantes, recuerdos del pasado o anticipaciones del futuro ocupan el espacio interior incluso en el entorno más tranquilo. El silencio físico no garantiza el silencio del alma.

Aprender a callar interiormente es un proceso más complejo. Supone renunciar, al menos por un tiempo, a la necesidad de controlar cada pensamiento, no ceder ante la tentación de analizar incluso la propia oración. Implica aceptar que no todo debe ser analizado de inmediato. Es un ejercicio de desapego que no se alcanza sin perseverancia.

En la tradición cristiana, el camino hacia la contemplación pasa habitualmente por etapas. El rezo consiste en dirigirse a Dios con palabras aprendidas; la oración implica una expresión más personal, un diálogo consciente en el que el hombre expone sus inquietudes, sus súplicas o su gratitud. Ambas formas son legítimas y necesarias. Pero existe un umbral más profundo: la contemplación.

Contemplar no es hablar; es permanecer. No es formular peticiones; es disponerse. No es hacer; es dejarse hacer.

Durante años practiqué lo que la tradición denomina oración incesante: una breve invocación repetida interiormente hasta acompasarse con la respiración. Al principio exige un acto consciente de voluntad; más tarde se integra casi sin esfuerzo, como un latido que acompaña la jornada. Esta práctica educa la atención y prepara el corazón. Sin embargo, incluso ella puede convertirse en un apoyo transitorio. Cuando la quietud madura, la palabra se vuelve innecesaria.

La actitud contemplativa exige una actitud radical de abandono. Dejar de hacer para dejarse hacer. Renunciar a la iniciativa constante y aceptar que la acción no depende únicamente del esfuerzo personal. No es pasividad inerte, sino disponibilidad confiada.

El abandono no es fácil. Nuestra cultura nos ha enseñado a valorar la eficacia, la productividad y el control. En la contemplación, sin embargo, el protagonismo humano disminuye. La persona se convierte en espacio abierto. Los grandes maestros espirituales han insistido en que la unión íntima con Dios no se alcanza por acumulación de méritos, sino por apertura interior. «Al comienzo de la vida espiritual se intenta amar a Dios; al final se comprende que basta dejarse amar», se ha dicho con acierto.

Esta actitud requiere libertad. Si el hombre ha sido creado libre, su apertura debe ser voluntaria. Dios no invade; espera. No actúa si no se le permite. La contemplación implica autorizar esa acción, aceptar que el silencio sea fecundo incluso cuando no se perciben resultados visibles.

El símbolo del desierto ayuda a comprender esta experiencia. El desierto no es vacío estéril, sino espacio de encuentro, porque en él puede escucharse lo que oculta el ruido. En la Escritura, el desierto es lugar de prueba, pero también de revelación. Allí se eliminan los apoyos superfluos y queda solo lo esencial. El silencio contemplativo participa de esa dinámica: despoja para centrar, vacía para llenar.

No siempre es una experiencia consoladora. A veces se presenta como aridez, como sequedad interior. Pero incluso esa sequedad puede ser purificadora. La contemplación no se mide por emociones intensas, sino por transformación silenciosa. Quien aprende a permanecer en quietud ante Dios aprende también a reaccionar con mayor serenidad ante las circunstancias de la vida cotidiana.

He podido comprobar que el silencio contemplativo modifica la manera de mirar el mundo. Reduce la impulsividad, suaviza el juicio precipitado y fortalece la paciencia. No separa del mundo; lo reordena desde dentro. No elimina las responsabilidades; las ilumina.

Con el tiempo he comprendido que la contemplación no es un estado permanente ni una conquista definitiva. Es más bien un don que se recibe y se pierde, que se busca y se espera. Lo único verdaderamente constante es la disposición a volver al silencio.

No se trata de huir de la realidad, sino de penetrarla con mayor profundidad. El silencio contemplativo no es evasión; es realismo espiritual. Permite distinguir lo esencial de lo accesorio, lo permanente de lo transitorio.

Tal vez el silencio no sea el final del camino, sino su condición continua. Un espacio interior donde la palabra cede su lugar a la presencia. Allí donde el hombre deja de hablar para escuchar, comienza un diálogo que no necesita sonidos. Y quizá sea en ese diálogo sin palabras donde comienza la verdadera transformación.

II. El trabajo interior

EL MAZO Y EL CINCEL

Contamos en la biblioteca de la Logia con varias planchas que versan sobre las herramientas del Ap.·. cuya lectura ha sido para mí de gran utilidad. Inspirado en ellas, deseo aportar aquí mi propia reflexión personal sobre el significado del mazo y el cincel, herramientas fundamentales del trabajo iniciático.

Desbastar la Piedra Bruta y trabajar de manera constante en ello debe ser la intención del Aprendiz si desea llegar a ser, con el tiempo, un cantero capaz de contribuir con solidez a la construcción del edificio simbólico que todos estamos llamados a levantar. Cada uno con su esfuerzo individual y todos con el esfuerzo común.

Para participar en ese trabajo, el iniciado debe atravesar diversas pruebas y recibir la instrucción propia de su grado: signos, palabra, toque y marcha, así como el conocimiento de los símbolos que comienzan a formar parte de su aprendizaje. Se le recuerda también su "edad simbólica", que indica que aún no sabe leer ni escribir y que debe guardar silencio para aprender de quienes le preceden en el camino.

El mazo y el cincel, junto con la regla de 24 pulgadas, constituyen las herramientas propias del Aprendiz.

Existen numerosos HH.·. que han escrito acerca de estas herramientas, utilizando a veces indistintamente los términos mazo, martillo o mallete. Sin entrar en debates terminológicos, en estas líneas me referiré al mazo como el instrumento pesado que simboliza la fuerza de la voluntad aplicada al trabajo interior.

Durante la ceremonia de iniciación, tras superar las pruebas y prestar sus juramentos, el nuevo Masón es conducido para realizar su primer trabajo simbólico. Arrodillado ante la Piedra Bruta, toma el mazo y el cincel y golpea ritualmente tres veces. Recuerdo que ese gesto, aparentemente sencillo, encierra una intensidad difícil de explicar. No se trata solo de un movimiento físico; es el instante en el que uno siente que comienza algo nuevo, aunque todavía no comprenda plenamente su alcance.

Quizá el Aprendiz golpea sin saber exactamente qué está desbastando, pero sí intuye que cada golpe representa una decisión interior. En ese momento puede surgir la duda: ¿seré capaz de transformar aquello que soy? ¿sabré utilizar estas herramientas sin dañarme a mí mismo? Esa mezcla de incertidumbre y esperanza forma parte del aprendizaje inicial.

Como señala Aldo Lavagnini, en ese trabajo simbólico el Aprendiz es simultáneamente obrero, materia prima e instrumento. Desde ese instante, el mazo y el cincel se convierten en compañeros inseparables de su camino iniciático.

El Aprendiz deberá emplearlos con constancia para eliminar asperezas de carácter y pulir su propia piedra. No debe buscar parecerse a nadie, aunque pueda inspirarse en ejemplos dignos de emulación. Su labor consiste en educir del bloque que es él mismo aquello que ya habita en su interior, como Miguel Ángel afirmaba haber hecho al liberar la figura del David del mármol que la contenía.

El mazo simboliza la voluntad, la perseverancia y la energía necesarias para el trabajo interior. Antes de descargar el golpe, el Aprendiz debe decidir la intensidad y la dirección, consciente de que cada acción tiene consecuencias difíciles de revertir. Con el tiempo descubre que no todos los golpes deben ser fuertes; algunos requieren apenas un toque leve, casi imperceptible.

El cincel representa la inteligencia y el discernimiento. Es la capacidad de distinguir entre las dualidades que habitan en uno mismo y de elegir con prudencia el lugar donde aplicar el esfuerzo. También simboliza la educación y la formación que permiten orientar correctamente el trabajo interior. Sin el cincel, la voluntad podría convertirse en impulsividad; sin el mazo, la inteligencia quedaría inmóvil.

Ninguna de estas herramientas puede actuar por separado. La voluntad sin discernimiento puede resultar destructiva; la inteligencia sin acción queda estéril. Solo la armonía entre ambas permite avanzar en la transformación de la Piedra Bruta en Piedra Cúbica.

El Aprendiz aprende también a través del error. Un golpe mal dado puede astillar la piedra o desviarla de su forma prevista. Sin embargo, incluso el error enseña algo sobre uno mismo: revela la impaciencia, la falta de atención o el exceso de confianza. Aprender a recomenzar sin desesperar constituye parte esencial del trabajo interior.

En este proceso la regla de 24 pulgadas recuerda la necesidad de equilibrio. No basta con golpear ni con pensar; es necesario medir el tiempo, las fuerzas y la intención que se pone en cada acción. Así, el trabajo se convierte en una disciplina que poco a poco transforma la mirada del Aprendiz.

El Aprendiz debe trabajar sin perder de vista el significado profundo de sus herramientas. El mazo le recuerda la fuerza de la voluntad; el cincel, la necesidad del discernimiento; la regla, la rectitud del camino. Junto al mandil y los guantes, estos símbolos le acompañan como recordatorio constante de que la verdadera obra se realiza en el interior.

Quizá llegue un día en que el Aprendiz comprenda que la piedra nunca queda completamente terminada. Cada golpe abre una posibilidad nueva y cada avance revela imperfecciones que antes permanecían ocultas. Pero es precisamente en ese trabajo continuo donde se encuentra el sentido del camino iniciado.

A MEDIDA QUE ME CONSTRUYO, CONSTRUYO

Recientemente nuestro S.·.V.·. hizo llegar a los Aprendices de esta V.·.L.·. una copia digital de la GUÍA DE ACOGIDA publicada por la GLE. En sus primeras páginas aparece una cita del poeta y pensador francés Paul Valéry que, leída desde la vivencia de un Aprendiz, adquiere una fuerza especial: «A medida que construyo me voy construyendo».

La frase pertenece a la obra EUPALINOS O EL ARQUITECTO, donde Fedro y Sócrates reflexionan sobre el arte de construir y, al mismo tiempo, sobre el arte de conocerse a uno mismo. Eupalinos confiesa que, cuanto más practica su oficio, más se transforma interiormente, hasta llegar a sentir que la obra levantada fuera de él refleja la obra que se edifica dentro. Esa correspondencia entre construcción exterior y crecimiento interior resuena profundamente en quien inicia el camino masónico.

Cuando ocupo mi lugar en la columna del Norte junto a mis HH.·. Aprendices soy plenamente consciente de las similitudes y diferencias que nos definen. Exteriormente compartimos una misma disposición, una misma voluntad de aprender, una misma actitud de recogimiento; sin embargo, cada uno trae consigo una historia distinta, una forma particular de mirar la vida y unas aspiraciones propias. Esa diversidad no debilita el edificio común: lo embellece.

Cada uno de nosotros llega como una piedra bruta, distinta en forma, dureza y color. Algunas necesitarán golpes firmes y constantes; otras requerirán un trabajo más delicado.

Ninguna es idéntica a otra, y quizá ahí resida parte de la riqueza del Templo que aspiramos a levantar. No se trata de crear una sucesión de bloques uniformes, sino de integrar piezas diversas que, colocadas en el lugar adecuado, aporten estabilidad y armonía al conjunto.

A veces alguno de nosotros puede sentirse como una piedra imperfecta, incluso inútil. Sin embargo, aquello que parece defecto puede convertirse en virtud cuando encuentra su sitio. Una piedra atravesada por huecos, por ejemplo, podría permitir que los primeros rayos del amanecer iluminen el interior del edificio. Lo que parecía carencia se transforma entonces en posibilidad. Comprender esto exige humildad y confianza en el proceso.

De forma individual, cada piedra carece de sentido pleno. Puede servir de apoyo ocasional o de objeto aislado, pero solo al integrarse en el edificio adquiere verdadera finalidad. Así ocurre también con nosotros: solos somos fragmentos dispersos; juntos formamos una estructura viva que aspira a elevarse hacia la luz.

El camino iniciático comienza guiado por la mano del Experto, que conduce al profano a través de pruebas desconocidas. Resistirse a esa guía solo dificulta el avance. Aprender a confiar es una de las primeras lecciones que recibimos, aunque no siempre resulte sencilla. Con frecuencia llegamos cargados de experiencias previas y de modos de actuar que tendemos a repetir casi sin darnos cuenta.

He escuchado decir que todo masón permanece Aprendiz hasta el final de sus días, porque siempre hay algo nuevo que descubrir. Si eso es cierto para quienes han recorrido largos años en la Orden, cuánto más lo será para quien apenas inicia el camino. Este pensamiento invita a adoptar una actitud de humildad permanente y a reconocer que el verdadero trabajo comienza en el interior.

En mi caso personal, uno de los mayores desafíos consiste en "vaciar la taza", como enseña el proverbio chino. Tras muchos años de vida profana, resulta difícil desprenderse de hábitos y certezas acumuladas. Sin embargo, el aprendizaje iniciático exige abrir espacio a lo desconocido. Jiddu Krishnamurti advertía que la dependencia del conocimiento previo puede limitar nuestra percepción; solo al liberarnos parcialmente de él podemos aprender de un modo nuevo.

Construirse a uno mismo no significa imponerse una forma rígida, sino permitir que el trabajo interior revele aquello que todavía permanece oculto. El Aprendiz no decide aún cuál será su lugar definitivo en el edificio común. Su tarea consiste en desbastar la piedra, limar aristas y aprender a encajar con los demás desde la fraternidad.

El esfuerzo por adaptarse a la obra colectiva no anula la individualidad; al contrario, la integra. Cada golpe de mazo y cada trazo de cincel no solo modifican la superficie de la piedra, sino también la mirada del que la trabaja. Poco a poco se descubre que el verdadero edificio no es únicamente el que se levanta fuera, sino el que se edifica silenciosamente en el interior.

Así, la frase de Paul Valéry adquiere un significado más profundo. Construir no es solo levantar muros o estructuras simbólicas, sino participar en una transformación personal continua. A medida que avanzamos en el trabajo común, vamos descubriendo aspectos de nosotros mismos que permanecían dormidos. Y en ese proceso comprendemos que la obra colectiva y la obra interior son, en realidad, una sola.

No me corresponde como Aprendiz determinar el destino final de mi piedra ni el lugar que ocupará en la construcción. Me corresponde trabajarla con constancia, aprender de quienes me preceden y confiar en que, llegado el momento, encontrará su encaje natural en el Templo. Tal vez entonces pueda afirmar con mayor claridad que, mientras participo en la edificación común, también me voy edificando a mí mismo.

De este modo, y haciendo propio el apotegma de Valéry, puedo decir que "a medida que me construyo, construyo".

LA MARCHA DEL APRENDIZ

Inmediatamente después de que un neófito ha sido recibido y declarado como Ap.'.M.'. por el V.'.M.'., se le conduce entre columnas y se procede a comunicarle los secretos del grado: signos, toque, palabra, marcha, edad y batería. Por lo que respecta a la Marcha del Ap.'., el H.'. Exp.'. se la explica y demuestra. En mi propia iniciación fui invitado a realizarla tras observar atentamente cómo era ejecutada.

"Marchar" significa ir, partir, caminar hacia algún lugar. Encierra, por tanto, una idea de evolución y progreso. Sugiere el paso de la quietud a la actividad, de la inacción al trabajo, de la oscuridad a la luz. El Aprendiz comienza así a comprender que cada movimiento en Logia tiene una intención simbólica que trasciende el gesto exterior.

Antes de iniciar la marcha, el Aprendiz se detiene. Ese instante previo, aparentemente insignificante, puede interpretarse como el momento en que toma conciencia de que está a punto de comenzar un camino nuevo. No es aún dueño de sus pasos, pero intuye que cada movimiento tendrá un sentido que irá descubriendo con el tiempo.

La Marcha del Aprendiz se inicia en posición "al orden", desde el centro de las dos columnas y en dirección al Ara. Consiste en la ejecución de tres pasos rituales que deben realizarse manteniendo el cuerpo erguido, con precisión y sin premuras, deteniendo el movimiento por completo antes de dar el siguiente paso. Antes de iniciarlos, los pies se colocan en escuadra: el izquierdo apuntando hacia adelante y el derecho hacia el Mediodía.

Cada paso comienza adelantando el pie izquierdo y acercando después el derecho, sin levantarlo del suelo, hasta quedar nuevamente en escuadra. Este gesto invita a la prudencia. El Aprendiz aprende que no debe precipitarse: primero asegura el terreno, luego avanza. Tal vez por ello se inicia el movimiento con el lado más débil, recordando que toda evolución auténtica nace del reconocimiento de la propia fragilidad.

La pausa entre los pasos posee un significado especial. No se trata de una simple detención física, sino de un momento de conciencia. El Aprendiz experimenta que avanzar requiere detenerse, observar y medir. En esa quietud se aprende que el camino iniciático no es una carrera, sino un proceso gradual en el que cada avance necesita ser integrado antes de continuar.

El simbolismo de la Marcha es múltiple. Comienza siempre entre columnas, en Occidente, dando la espalda al lugar donde el sol se oculta, y se dirige hacia Oriente, origen de la luz. Puede interpretarse como un caminar desde la ignorancia hacia el conocimiento, desde el mundo profano hacia la Luz de la Logia. También como un alejamiento progresivo de las sombras interiores para acercarse a una comprensión más elevada.

La posición de escuadra de los pies recuerda los valores de rectitud, equidad y precisión. Los dos brazos de la escuadra pueden simbolizar la razón y la justicia, fundamentos sobre los que el Aprendiz está llamado a construir su conducta. Cada paso, por tanto, no es solo físico, sino moral.

El número tres, presente en los pasos, abre múltiples interpretaciones. Puede aludir a las etapas de la vida humana: infancia, madurez y vejez; o a la edad simbólica del Aprendiz.

También puede entenderse como una alegoría del itinerario iniciático que conduce desde el cuerpo al alma y al espíritu, a través de los grados sucesivos.

Otra lectura posible remite a la inquietud humana por el sentido último de la existencia. El primer paso evocaría el origen de la vida y del universo; el segundo, la búsqueda de lo trascendente; el tercero, la pregunta por aquello que se encuentra más allá de la muerte. El Aprendiz no posee aún respuestas definitivas, pero comienza a formular preguntas que orientan su búsqueda.

Asimismo, los tres pasos pueden asociarse a las múltiples tríadas presentes en la tradición masónica: pureza, inocencia y candor; fe, esperanza y amor; libertad, igualdad y fraternidad; sabiduría, fuerza y belleza. Estas asociaciones no deben entenderse como definiciones cerradas, sino como puertas simbólicas que el Aprendiz abre poco a poco mediante la reflexión personal.

El Aprendiz es instruido en la forma externa de la Marcha durante su iniciación, pero el significado profundo de ese gesto solo se revela con el tiempo y el estudio. Investigar, reflexionar y poner por escrito aquello que se descubre forma parte esencial de su aprendizaje.

La Marcha del Aprendiz no es únicamente un elemento ritual. Es una enseñanza sobre cómo caminar en la vida: con prudencia, con conciencia y con rectitud. Cada paso recuerda que el progreso verdadero no se mide por la rapidez, sino por la firmeza con que se avanza hacia la Luz.

Tal vez el Aprendiz descubra, con el paso de los años, que la verdadera marcha no ocurre solo dentro del Templo, sino también fuera de él, en cada decisión cotidiana. Y entonces comprenderá que cada paso dado con intención sincera forma parte de un camino que apenas comienza.

LA COLUMNA B

Cuando surge la masonería existía entre los eruditos de la época una profunda fascinación por el estudio del Templo de Salomón. Resulta lógico que, considerándose herederos simbólicos de la masonería operativa, tomaran como modelo numerosas referencias de aquel templo para configurar el nuestro y los símbolos que hoy contemplamos.

He encontrado mucho escrito sobre la Columna B, aunque buena parte de ello escasamente documentado. Incluso en manuales dirigidos a Aprendices aparecen afirmaciones categóricas sin referencias claras, sin notas bibliográficas y sin distinguir si proceden de fuentes bíblicas, históricas, legendarias o meramente literarias. No pretendo negar su valor simbólico, pero sí subrayar la importancia de acercarnos a los símbolos con espíritu crítico y prudencia.

Cuando accedemos a la Logia nos detenemos un instante entre columnas antes de iniciar la Marcha del Aprendiz. Ese detenerse no es un simple gesto ritual: representa una toma de conciencia del lugar que ocupamos y del tránsito que realizamos al pasar del mundo profano al espacio iniciático. Cada entrada en el Templo revive, de algún modo, nuestra ceremonia de iniciación y renueva el compromiso de trabajar sobre la piedra bruta.

Las columnas que flanquean la entrada evocan aquellas que, según la tradición bíblica, se alzaban a la entrada del Templo de Salomón (2° Crónicas 3,17; 1° Reyes 7,21). A la situada a la derecha la llamó Jachin, "Dios establecerá"; a la izquierda, Boaz, "en fuerza". Este significado resulta especialmente sugerente para el Aprendiz, que comienza su camino apoyándose precisamente en la fuerza interior necesaria para iniciar el trabajo sobre sí mismo.

Salomón solicitó la colaboración de Hiram, rey de Tiro, quien envió materiales y al maestro artesano Hiram-Abiff. Según el relato bíblico, las piezas fueron fundidas en la vega del Jordán en bronce bruñido. Más allá de los datos históricos, la figura del artesano recuerda al Aprendiz que toda obra requiere habilidad, paciencia y conocimiento.

La Columna B recibe su nombre por la letra grabada en su fuste, inicial de Boaz, palabra de paso del Aprendiz. Algunos autores señalan que su capitel correspondería al orden dórico, símbolo de solidez y sobriedad, cualidades propias del trabajo inicial. Lorenzo Frau Abrines menciona además que Booz puede interpretarse como fuerza y también como alegría, cualidades que se relacionan con el Primer Vigilante, que ocupa su lugar junto a esta columna.

Se ha afirmado en diversas obras que las columnas eran de distinto color o que simbolizaban las columnas de fuego y humo que guiaron a los israelitas. Sin embargo, tales afirmaciones carecen de un fundamento bíblico claro. Esta diversidad de interpretaciones recuerda al Aprendiz que el simbolismo no siempre descansa sobre certezas históricas, sino sobre lecturas simbólicas que deben abordarse con discernimiento.

Otro aspecto que ha despertado gran interés es la posible oquedad interior de las columnas, mencionada en Jeremías 52,21. Desde un punto de vista práctico, resulta lógico que fueran huecas, pues su función era decorativa. Desde una mirada simbólica, esa oquedad puede sugerir el espacio interior que cada Aprendiz debe cultivar: una fuerza que no se apoya únicamente en lo exterior, sino en una estructura interior aún por descubrir.

Los capiteles adornados con granadas, lirios y redes también ofrecen múltiples lecturas simbólicas. Las granadas pueden representar la multiplicidad de Logias y de masones unidos en una misma fraternidad; los lirios evocan la pureza de intención; y la red simboliza los lazos invisibles que unen a la humanidad más allá de diferencias aparentes.

Existen además interpretaciones legendarias sobre compartimentos ocultos en las columnas o mecanismos hidráulicos destinados a proteger el Arca de la Alianza. Aunque carezcan de respaldo histórico sólido, estas narraciones reflejan la necesidad humana de dotar a los símbolos de dimensiones misteriosas. El Aprendiz aprende así a distinguir entre tradición simbólica y afirmación histórica, sin renunciar por ello a la riqueza imaginativa que alimenta el lenguaje iniciático.

La planta del Templo reproduce simbólicamente el recorrido del sol: Oriente representa el nacimiento de la luz; Mediodía, su plenitud; Occidente, su ocaso. La Columna Norte, donde se sitúan los Aprendices, permanece en una penumbra relativa. Esa luz tenue no es una carencia, sino una enseñanza: la luz iniciática debe recibirse gradualmente para evitar el deslumbramiento del entendimiento. El Aprendiz avanza paso a paso, descubriendo que la verdadera fuerza no reside en recibirlo todo de una vez, sino en aprender a integrar cada enseñanza.

La Columna B no es solo un elemento arquitectónico o histórico. Para el Aprendiz representa la fuerza interior que sostiene los primeros pasos del camino iniciático. Detenerse ante ella al entrar en Logia recuerda que cada trabajo comienza con una decisión consciente: la de cruzar el umbral y asumir el compromiso de transformarse.

Quizá por eso la Columna B simboliza también la paciencia necesaria para avanzar sin prisas, aceptando que el conocimiento llega gradualmente. La penumbra del Norte no es ausencia de luz, sino preparación para recibirla con mayor claridad. Y en esa fuerza silenciosa, discreta pero constante, el Aprendiz encuentra el apoyo necesario para continuar su marcha hacia Oriente.

EL COMPÁS

Como ya he indicado en la plancha referida a «la escuadra», el día de su iniciación el Ap.·. M.·. recibe multitud de impactos sobre los que solo será capaz de reparar en algunos (mandil, guantes, posición «al orden»...), en tanto que otros —como la escuadra y el compás— se escaparán de su atención aquel día, para ir tomando dimensión posteriormente. Ambos símbolos adquirirán un protagonismo singular en la apertura y cierre de trabajos, y el silencio atento al ritual irá iluminando aquello que en un primer momento permanecía sumido en las sombras de la Columna del Norte.

Como dice Mackey, estos dos símbolos nos enseñan «a cuadrar nuestras acciones y a mantenerlas dentro de los límites debidos». Rara vez aparecen separados, pues juntos representan el equilibrio entre materia y espíritu, entre razón y trascendencia.

Mientras la escuadra se convierte pronto en herramienta visible del Aprendiz, el simbolismo del compás se revela de manera más lenta, conforme avanza en el conocimiento de sí mismo y en su relación con los demás.

El día en que el recipiendario es reconocido M.·., teniendo aún los ojos vendados, se arrodilla para prestar su juramento. Su mano derecha sobre las Tres Grandes Luces y la izquierda sosteniendo un compás abierto en ángulo recto, con una punta apoyada sobre su corazón y la otra dirigida al zénit. Tierra y cielo, materia y espíritu quedan así unidos en un mismo gesto.

Tal vez en aquel instante el Aprendiz no alcance a comprender plenamente el significado de esa posición, pero con el tiempo descubre que el compás señala una tarea interior constante: aprender a dirigir sus pensamientos y acciones con exactitud y conciencia.

El compás simboliza valores que el Aprendiz está llamado a cultivar progresivamente: generosidad, fraternidad, compromiso, honorabilidad, sabiduría. Su apertura gradual representa el crecimiento interior y la expansión de la conciencia. No se trata de alcanzar de inmediato una apertura total, sino de avanzar paso a paso, conforme madura la comprensión.

El compás con sus brazos abiertos sugiere movimiento y desarrollo. Por ello, en la apertura de trabajos el H.·. Experto abre el compás sobre el V.·.L.·.S.·., indicando que comienza la actividad en la Logia. Al cerrarlo al final de los trabajos, simboliza el retorno al reposo y a la reflexión.

Pero el compás no solo mide ángulos: traza círculos. Al hacerlo, una de sus puntas permanece fija en el centro mientras la otra describe la circunferencia. Ese punto central puede interpretarse como el propio Aprendiz, situado en el núcleo de su conciencia. Desde ahí observa, aprende y se desarrolla.

La circunferencia delimita el espacio legítimo en el que la persona puede crecer y actuar. Representa el ámbito interior donde se despliegan nuestras actitudes, deseos y disposiciones. Todo lo que queda dentro del círculo pertenece al trabajo personal: la mejora del carácter, el conocimiento de uno mismo, la voluntad de avanzar.

Sin embargo, la propia circunferencia marca también un límite. Más allá de ella comienza el espacio de los demás, territorio que debemos respetar. El Aprendiz aprende así que su libertad tiene fronteras y que el verdadero crecimiento no consiste en invadir el ámbito ajeno, sino en perfeccionar el propio.

Desde esta perspectiva, el compás invita a dirigir la atención hacia el interior. Lo esencial no es aquello que ocurre fuera —opiniones ajenas, críticas, gestos hostiles o incluso insultos— sino la forma en que uno responde a esas circunstancias. Mantenerse dentro del propio círculo significa preservar la serenidad interior y evitar que aquello que pertenece al exterior perturbe el equilibrio alcanzado.

El compás permite además trazar circunferencias de distintos tamaños. Esta capacidad simboliza la amplitud de pensamiento y la tolerancia del Aprendiz ante las diversas situaciones de la vida. A veces será necesario ampliar el círculo para comprender mejor; otras, reducirlo para proteger lo esencial.

Los distintos ángulos de apertura del compás reflejan también la evolución interior del iniciado. No basta con acumular conocimientos o años de pertenencia a la Orden; lo importante es la capacidad de vivir conforme a los principios aprendidos.

El compás representa para el Aprendiz su inteligencia y su capacidad de comprensión. La posibilidad de ampliar su apertura simboliza la progresión en virtudes y en conciencia. No se trata solo de que la circunferencia trazada sea mayor, sino de que el espacio interior que encierra esté lleno de valores como la afabilidad, la fraternidad, la tolerancia y el conocimiento.

Como complemento de la escuadra, el compás recuerda que la razón necesita del espíritu para orientar correctamente las acciones. Mientras la escuadra ayuda a labrar la Piedra

Bruta con rectitud, el compás impulsa al Aprendiz a elevar su mirada y a actuar con intención noble.

Quizá con el tiempo el Aprendiz descubra que el verdadero círculo no se dibuja sobre el papel, sino en el interior de sí mismo. Allí donde el punto central permanece firme y la circunferencia protege el espacio propio, comienza el verdadero trabajo iniciático.

LA CADENA DE UNIÓN

«Que se estrechen nuestras manos
y que el título de "hermano"
eternice nuestra unión.»
Música para un funeral masónico", KV. 477
Wolfgang A. Mozart

«Uno a uno somos mortales. Juntos somos eternos.»
Lucio Apuleyo

El Diccionario de la Real Academia ofrece múltiples acepciones del término "cadena": sucesión de eslabones enlazados, conjunto de personas unidas por un motivo común, atadura inmaterial, transmisión encadenada de elementos dirigidos a un mismo fin. Ninguna recoge literalmente la expresión "Cadena de Unión", pero todas parecen apuntar, de algún modo, a su esencia.

En Masonería, la Cadena de Unión no es solo una figura ni un gesto ritual. Es una vivencia.

Las primeras referencias documentadas aparecen en el Manuscrito de Edimburgo (1696), donde ya se describe la transmisión de la Palabra en disposición circular. Aquella forma primitiva revela algo esencial: el conocimiento no se impone, circula. Pasa de uno a otro en continuidad ininterrumpida.

Su raíz histórica se encuentra también en el Compagnonage medieval, cuando los compañeros formaban círculo, entrelazaban sus manos y cantaban celebrando oficio y fraternidad. Nuestra Cadena difiere en forma, pero no en espíritu: la solidaridad y el amor fraternal que unen a quienes comparten trabajo y propósito.

Conviene distinguirla de la Cuerda con Nudos. Aquella es símbolo estático; la Cadena de Unión es rito vivo. Una recorre los muros del Templo; la otra se forma con los cuerpos y las voluntades de los hermanos. La cuerda evoca; la Cadena se experimenta.

Al formar el círculo, los HH∴ se convierten en eslabones conscientes. No es un gesto mecánico. Es la afirmación visible de una realidad invisible: nadie trabaja aislado.

El círculo elimina jerarquías espaciales. No hay principio ni final. Cada uno ocupa su lugar y, al mismo tiempo, forma parte de una totalidad. La figura geométrica expresa una enseñanza moral: igualdad en la dignidad, responsabilidad compartida.

La Cadena puede ser abierta o cerrada. Puede acompañar la incorporación de un nuevo iniciado o culminar los trabajos. Puede mantenerse abierta en recuerdo de un H∴ que ha pasado al Oriente Eterno. En cada caso, el gesto encierra una enseñanza: la Orden continúa, la fraternidad no se interrumpe, la ausencia física no rompe la unión esencial.

La fuerza de la Cadena no reside tanto en la forma de los brazos o en la posición de los pies, sino en la conciencia con la que se vive. Sin conciencia, el rito se vacía; con conciencia, se convierte en experiencia transformadora.

Cuando las manos se enlazan, se produce algo más que contacto físico. Se establece una corriente simbólica. Cada hermano sostiene y es sostenido. Cada uno recibe y transmite.

El círculo nos recuerda que el individuo aislado es frágil. "Uno a uno somos mortales. Juntos somos eternos." La permanencia no pertenece a la persona, sino al ideal que compartimos.

La Cadena representa la continuidad en el tiempo. Nos enlaza con quienes la formaron antes y con quienes la formarán después. Somos eslabón transitorio en una estructura que nos precede y nos trasciende.

Esta conciencia modifica la actitud interior. El trabajo ya no es solo esfuerzo personal; se integra en una obra mayor. La responsabilidad se amplía: no actuamos únicamente en nombre propio, sino como parte de una tradición viva.

Existe también una dimensión espiritual. Al cerrar el círculo, el espacio interior parece recogerse. El ruido del mundo exterior se atenúa. La unidad visible invita a la concentración invisible.

Algunos verán en ese instante una apertura hacia lo trascendente; otros, simplemente, una intensificación de la conciencia colectiva. En cualquier caso, el momento invita a elevar la mirada por encima de lo inmediato.

La transmisión del conocimiento encuentra aquí una imagen poderosa. La sabiduría no pertenece a uno; se comunica. Cada hermano recibe lo que otros le entregaron y está llamado a enriquecerlo antes de transmitirlo.

La Egrégora —esa conciencia acumulada de generaciones— no es abstracción poética. Se manifiesta en la vivencia compartida, en la resonancia interior que sentimos cuando el círculo se balancea al unísono.

Muchas veces he pensado que la Cadena debería ocupar un lugar aún más destacado en nuestra reflexión ritual. No basta con ejecutarla; es necesario meditarla.

Especialmente el Iniciado, que ya no lleva cuerda al cuello, sino que pasa a formar parte activa de la Cadena, debería percibir la profundidad de ese tránsito: de atado a eslabón consciente.

Pero también Compañeros y Maestros necesitan recordar que el símbolo interpela su conducta fuera del Templo. La fraternidad no puede limitarse al espacio ritual. Si la Cadena se disuelve al final de la Tenida pero no deja huella en el comportamiento cotidiano, su significado queda incompleto.

La unión fraternal que experimentamos debe traducirse en actitud hacia el mundo profano: respeto, solidaridad, trabajo constante por la mejora moral y material de la Humanidad.

El círculo no es refugio; es impulso.

Iván Herrera Michel recoge un antiguo texto que muchos VV.·. MM.·. pronuncian al formar la Cadena. Resume con belleza lo que apenas he intentado expresar:

> *«Que nuestro corazones se unan al mismo tiempo que nuestras manos.*
> *Que el amor fraternal una todos los eslabones de esta cadena*
> *formada libremente por todos nosotros.*
>
> *Comprendamos la grandeza y la belleza de este símbolo.*
> *Inspirémonos en su sentido profundo.*
>
> *Esta cadena nos enlaza en el tiempo y en el espacio.*
> *Ella nos viene del pasado y tiende hacia el futuro.*
> *Por ella estamos unidos a nuestros predecesores,*
> *Maestros venerados que la formaron en otro tiempo.*

Por ella, deben unirse los masones de todos los ritos y de todos los países.
Enriquezcámosla con numerosos y sólidos eslabones de puro metal
y elevando nuestro espíritu hacia el ideal de nuestra orden,
esforzándonos en acercar a todos los hombre a la fraternidad.

Mantengamos los unos hacia los otros el más fraternal afecto,
trabajemos sin descanso el amor fraternal,
realicemos la gran obra de la fraternidad universal.»

SABER ESPERAR, SABER ESCUCHAR

Siddharta es, tal vez, la obra más conocida de Hermann Hesse. Aparte de un primer contacto casual relatado a mitad del libro, es en la parte final donde el autor describe el encuentro definitivo y la convivencia entre Siddharta y Vasudeva, el barquero que se convierte en su penúltimo y, hasta entonces, mejor maestro: le enseña a encontrarse consigo mismo y a escuchar. A escuchar al río, a cuya orilla viven los dos dedicándose a transportar gente de una a otra orilla. A escuchar a la gente. A escuchar su interior. El último maestro de Siddharta sería él mismo.

Rafael Arnaiz fue un joven estudiante de arquitectura que cambió la regla, la escuadra y el compás por esos mismos instrumentos, pero en su dimensión más simbólica. Llegó a realizar un trazado de arquitectura de su propio templo interior con tan gran maestría que consiguió el doctorado "cum laude" más alto que otorga la Iglesia Católica al ser canonizado. Cualquiera de sus escritos puede considerarse una plancha de una profundidad que emociona. Quizá su expresión más conocida sea "saber esperar".

Las dos actitudes a las que me he referido —escuchar y esperar— llevan delante el verbo "saber". Y es que para asumirlas y practicarlas no es solo necesario su conocimiento sino, sobre todo, aplicarlas con sabiduría.

El Método Masónico consiste, básicamente, en eso: en saber escuchar y saber esperar, dándonos la oportunidad de que una cosa y otra calen en nosotros, echen raíces y den su fruto.

Escuchar es mucho más que oír. Escuchar es acoger, es abrir un espacio para que el otro tenga lugar, es silenciar el propio ruido para dar entrada a una palabra que no nos pertenece. El Aprendiz aprende en silencio, pero ese silencio no es pasivo: es un ejercicio de apertura. Escuchar en Logia es acoger el rito, los símbolos, las voces de los Hermanos, incluso los silencios que se producen entre palabras.

Escuchar es un acto de humildad. No impone, no interrumpe, no interpreta prematuramente. Escuchar es disponerse al misterio del otro, del mundo, de uno mismo.

El iniciado escucha el rito: sus gestos, sus cadencias, su ritmo. Escucha el eco de palabras antiguas y se deja impregnar por el perfume del tiempo detenido. Escucha al egrégor, esa entidad invisible que nace de la unión espiritual de los Hermanos y que nos envuelve cuando la Logia trabaja en armonía. Escucha la vibración del Templo, la sabiduría de los antiguos, el susurro de la Tradición.

Pero también escucha hacia dentro. Se escucha a sí mismo, y no siempre lo que encuentra es agradable: escucha sus dudas, sus sombras, sus contradicciones. Escuchar así es un acto de valentía.

Siddharta aprende a escuchar al río porque calla en su interior. Descubre que todas las voces están contenidas en el fluir del agua: el lamento, la alegría, la pregunta, la respuesta. Aprender a escuchar es dejarse llevar por ese río que fluye también en nosotros.

Esperar no es quedarse inerte. No es rendirse. No es dejar pasar el tiempo en la inacción. Esperar es confiar, es trabajar en lo oculto, es cultivar el alma con la certeza de que los frutos llegarán cuando deban llegar.

El iniciado que se adentra en el estudio simbólico descubre pronto que no puede forzar la comprensión. Los símbolos se revelan cuando uno está preparado, no antes. Pretender dominar su sentido desde la razón es como querer abrir una flor a martillazos. Hay que saber esperar. Hay que dejar que el corazón madure, que el espíritu se ablande, que la intuición despierte.

Rafael Arnaiz, retirado en la vida monástica, escribió en una de sus notas: "Saber esperar, saber esperar... y no cansarse nunca de esperar, porque Dios no se deja ganar en generosidad." Es una espera activa, amorosa, paciente, que se sostiene en la confianza.

El tiempo del trabajo iniciático no se mide en relojes profanos. Es un tiempo sagrado, que transcurre en espiral. A veces parece que no avanzamos, pero algo se está gestando. Cada golpe de mallete, cada lectura, cada plancha compartida, cada reflexión silenciosa va modelando la Piedra.

El trabajo masónico no se limita a la Logia. Es en la vida diaria donde se pone a prueba nuestra capacidad de escuchar y de esperar.

Escuchar al otro sin interrumpirle. Esperar a que brote la ocasión adecuada para actuar. Escuchar las señales que nos ofrece la vida. Esperar sin ansiedad el momento justo para la palabra o el silencio. Escuchar con los ojos, con los gestos, con la empatía. Esperar con serenidad el resultado de nuestras acciones sin exigir inmediatez.

Escuchar y esperar requieren una forma especial de presencia: estar atentos, sin tensión; estar abiertos, sin ingenuidad; estar disponibles, sin pasividad. Esa presencia consciente es el verdadero trabajo diario del iniciado.

El Masón sabe que lo que importa no se revela de golpe. Que las enseñanzas verdaderas se sedimentan poco a poco. Que el alma crece en el silencio y se fortalece en la paciencia. Que la Verdad no se conquista: se recibe. Y que para recibirla, hay que saber escuchar. Y saber esperar.

Escuchar y esperar. Dos verbos que nos recuerdan que la iniciación no es una conquista, sino una apertura. Que el trabajo en la Logia es un ejercicio de escucha ritual y de espera fecunda. Que la vida misma puede ser un templo si sabemos vivirla con oídos atentos y corazón dispuesto.

En la era del ruido, del juicio apresurado y de la inmediatez, el iniciado se convierte en testigo de otro modo de estar en el mundo: más lento, más profundo, más verdadero.

Que sepamos, cada día, afinar nuestro oído interior. Que sepamos aguardar, sin prisas, la floración del alma.

Porque solo quien sabe escuchar puede comprender. Y solo quien sabe esperar puede ser verdaderamente transformado.

ANTE EL ESPEJO

Es común escuchar a los HH∴ describir el momento en que fue impelido a volverse para verse reflejado en el espejo, como uno de los más impactantes de su ceremonia de iniciación. Vuelve la vista atrás tras advertirle el V∴ M∴ que los enemigos más temibles suelen estar detrás de uno mismo.

El momento está cargado de un simbolismo profundo pues no se trata solo de volverse físicamente. La orden que recibe el neófito ("¡Volveos!") supone una invitación a recapacitar sobre la propia vida, sobre las actitudes que han sido habituales a lo largo de su existencia, sobre la forma de ser, de estar y de actuar en el trayecto recorrido hasta ese momento. Es una recomendación a meditar sobre lo que hemos sido y lo que queremos ser y a constatar la distancia que separa aquello de esto. No podemos cambiar nuestro pasado pero sí podemos aprender de él.

La contemplación del propio rostro en el espejo puede (y debe) generar una catarsis que tenga su evolución en los meses y años venideros si el iniciado tiene la disposición adecuada. El recuerdo de ese momento impactante debe actuar como motor en la indagación sobre sí mismo.

Sin embargo, el espejo no refleja solo lo que se ve. Al menos no en el sentido vulgar de una superficie lisa que devuelve una imagen. En el rito, el espejo se convierte en símbolo de una dimensión alternativa: aquella que muestra no solo el rostro sino también lo que hay detrás de él. Nos enseña el límite entre lo aparente y lo esencial, entre la persona y el ser.

Frente al espejo, el neófito no solo se encuentra con su imagen, sino con la posibilidad de discernir al "hombre viejo", esa acumulación de costumbres, temores, apegos y rutinas que han modelado su existencia hasta entonces. Pero también se vislumbra, aunque débilmente, al "hombre nuevo" que comienza a esbozarse desde el instante en que acepta el desafío de transformarse.

El espejo, así entendido, es a la vez juicio y promesa. Nos muestra lo que somos y sugiere lo que podríamos ser.

El espejo, como objeto y como símbolo, ha fascinado a la humanidad desde tiempos remotos. En muchas culturas tradicionales, el espejo no solo sirve para reflejar el rostro, sino también como medio de adivinación, de revelación o de tránsito hacia otras realidades. En la antigua China, los espejos de bronce eran considerados portales espirituales. En la tradición chamánica, mirar fijamente una superficie reflectante permitía entrar en contacto con espíritus o con la propia alma.

La mitología griega nos ofrece la figura de Narciso que, al enamorarse de su imagen reflejada, queda atrapado en una ilusión sin salida. Pero también nos da el ejemplo heroico de Perseo, que usa el reflejo de su escudo como espejo para vencer a la Medusa sin mirarla directamente. Estos relatos enseñan que la mirada en el espejo puede salvar o condenar, según la intención del que mira.

En el pensamiento filosófico, Platón nos sugiere que el alma se reconoce en otra alma, como el ojo solo se ve en otro ojo que lo refleja. San Pablo, en su primera carta a los Corintios, afirma: "Ahora vemos por espejo, oscuramente; pero entonces veremos cara a cara." La verdad última permanece velada, pero el espejo es un anticipo.

En el psicoanálisis junguiano, el espejo representa el encuentro con la Sombra: las partes de uno mismo que permanecen ocultas o rechazadas, y que solo en la reflexión profunda pueden ser integradas en la conciencia. Mirarse de verdad implica enfrentarse con lo no resuelto, con lo negado, con lo temido.

El espejo, como símbolo, no se agota en la ceremonia de iniciación. Todo en el Templo puede convertirse en espejo si sabemos mirarlo. Los Hermanos que nos rodean son espejos de lo que somos, de lo que fuimos y de lo que podríamos llegar a ser. En cada uno se reflejan virtudes que admiramos y defectos que rechazamos, sin darnos cuenta de que esas luces y esas sombras también están en nosotros.

El Venerable Maestro, el Primer y el Segundo Vigilante no solo encarnan funciones rituales: representan cualidades que deben ser despertadas en el Iniciado. Son espejos de Sabiduría, Fuerza y Belleza que interpelan y orientan. La disposición misma del Templo, con su equilibrio de columnas, luces y espacios, es una imagen reflejada del propio interior del ser humano en busca de armonía.

Incluso los gestos rituales —la forma de caminar, de saludar, de estar al orden— pueden ser considerados como movimientos espejados: reflejos externos de disposiciones internas. Actuar con rectitud es un modo de afirmar la verticalidad espiritual; mirar al Oriente es una forma de recordar hacia dónde dirigir nuestros pensamientos.

El espejo no es solo una superficie; parece tener profundidad. Esa ilusión óptica nos remite a una verdad simbólica: lo que el espejo refleja no está solo en el plano visible. Hay algo más allá del cristal, como hay algo más allá de nuestra apariencia. Esa otra realidad es la que el trabajo masónico nos llama a descubrir.

El Maestro Interior, esa voz callada que conoce el Camino, se encuentra en ese más allá del espejo. No se manifiesta en el ruido ni en la vanidad, sino en el silencio profundo que sigue a una mirada sincera.

Contemplar el espejo no es, por tanto, un gesto estético. Es un acto espiritual. Es asomarse al umbral de lo que todavía no somos, pero podríamos llegar a ser. Es aceptar la invitación a cruzar de lo conocido a lo incierto, de la costumbre a la posibilidad, del ego a la esencia.

El espejo interior no siempre está limpio. Como los antiguos espejos de bronce, requiere un pulido constante. Las emociones desordenadas, los prejuicios, los temores y los deseos desenfrenados empañan su superficie. El trabajo sobre la Piedra Bruta es también un trabajo de limpieza del espejo del alma.

Solo un espejo limpio puede reflejar la luz con nitidez. Del mismo modo, solo un corazón limpio puede ser receptivo a la Verdad. Por eso el trabajo masónico es lento, perseverante, a veces doloroso. No basta con adquirir conocimientos: es necesario transformar el ser.

Aprender a mirarse sin justificaciones, sin engaños, sin máscaras, requiere valentía. Pero es la única vía para conocerse de verdad y comenzar a cambiar. La Masonería no nos ofrece recetas: nos ofrece espejos.

La iniciación no termina con la ceremonia. Comienza verdaderamente con aquel instante en que el neófito se vuelve y se contempla. Ese espejo sigue presente, aunque invisible, en cada sesión, en cada debate, en cada reflexión.

El espejo es una presencia silenciosa que nos recuerda el deber de sinceridad, la exigencia de autenticidad, el compromiso con el propio crecimiento. Nos invita a no olvidar al hombre viejo, pero tampoco a resignarnos a él. Nos llama a volver a mirarnos, una y otra vez, hasta que la imagen que veamos refleje no solo lo que somos, sino lo que aspiramos a ser.

El espejo no miente. Nosotros sí podemos mentirnos a nosotros mismos. Por eso, el espejo es una herramienta iniciática de primer orden: porque nos devuelve la responsabilidad de ser quienes verdaderamente somos.

HONRAR LOS PROPIOS LÍMITES

Hace años leí dos libros que dejaron una huella profunda en mi forma de mirar la vida. El primero llevaba por título HONRA TU LÍMITE, de Peter Ricardo. El segundo, que he releído en varias ocasiones y aún hoy sigo hojeando, es LAS ETAPAS DE LA VIDA, del teólogo y educador alemán Romano Guardini, quien, por cierto, rechazó la propuesta de Pablo VI de ser nombrado cardenal y fue uno de los inspiradores del espíritu de renovación que impregnó el Concilio Vaticano II.

Ambos textos —y de manera especial el de Guardini— me llevaron a dar algunos golpes de timón en mi navegar vital, procurando aprovechar mejor el viento y el discurrir de las olas, pero sin olvidar nunca el estado de la madera de mi nave, la calidad de mis velas o la fortaleza de mis aparejos. Comprendí entonces que avanzar no consiste únicamente en acelerar, sino también en saber hasta dónde puede uno exigirse sin quebrarse.

En más de una ocasión he recordado, con un discreto sonrojo interior, algunas actitudes propias de los años en que las capacidades parecían inagotables y la savia de la vida pujaba con fuerza. Eran tiempos en los que, en mi actividad profesional, no había iniciativa que no intentara ni proyecto que no creyera posible. Latía en todo ello una confianza que hoy observo con la benevolencia con que un anciano contempla la impetuosidad de un joven.

Vivimos en una época en la que aceptar los propios límites suele interpretarse como un signo de debilidad. Expresiones como "ponerse en valor" o "empoderarse", aun nacidas con intención positiva, han terminado generando, en ocasiones, una presión constante por superar cualquier frontera personal, incluso aquellas que deberían ser reconocidas y respetadas. Sin embargo, ya los antiguos griegos nos recordaban el "γνῶθι σεαυτόν" —conócete a ti mismo—, y los romanos lo tradujeron como NOSCE TE IPSUM. En Masonería, ese conocimiento comienza simbólicamente cuando al recién iniciado se le entrega el mazo y el cincel para iniciar el trabajo sobre su propia piedra bruta.

Reflexionar, observarse y conocerse constituye una tarea imprescindible para alcanzar el equilibrio interior y desenvolverse con sentido en el mundo. Repetimos con frecuencia que venimos a la Orden para trabajar por el perfeccionamiento intelectual y moral de la humanidad, pero ese propósito solo puede sostenerse si antes emprendemos el trabajo sobre nosotros mismos. De otro modo, ¿cómo podríamos ofrecer aquello que no poseemos?

La introspección sincera, la aceptación de nuestras sombras —como señalaba Carl Jung— y el análisis honesto de nuestras capacidades nos permiten descubrir los límites razonables que nos definen. Lejos de empobrecernos, reconocerlos nos sitúa en la dimensión humana que evoca el célebre poema IF de Rudyard Kipling: la del hombre que aprende a caminar con equilibrio entre la audacia y la prudencia.

Estos límites pueden manifestarse en distintos ámbitos. A nivel personal, cada uno posee unas condiciones físicas determinadas. Durante años practiqué senderismo a un nivel exigente, llegando a recorrer 101 kilómetros en apenas veinte horas. Fue una experiencia intensa y satisfactoria, pero también profundamente agotadora, que solo fue posible gracias a una preparación adecuada. He visto, sin embargo, cómo otras personas, sin la preparación ni el equipo necesario, se enfrentaban a recorridos exigentes que terminaban en lesiones o frustración. No se trata de renunciar al esfuerzo, sino de conocer el propio punto de partida y adaptar el camino a las propias fuerzas.

Algo semejante ocurre en el ámbito intelectual. Carecer de formación en determinados campos no debería generar vergüenza ni sensación de inferioridad. Podemos, sin duda, ampliar horizontes y aprender constantemente, pero también debemos aceptar que no todos los temas nos pertenecen ni todas las tareas nos corresponden. El deseo de crecer espiritualmente no debería convertirse en una autoexigencia desmedida que termine desgastando la mente o el ánimo. A veces detenerse es también una forma de avanzar.

Existen igualmente límites emocionales que conviene reconocer. Asumir responsabilidades que nos sobrepasan o mantener relaciones que alteran nuestro equilibrio interior puede convertirse en un error silencioso. Establecer fronteras claras —con serenidad y respeto— no significa aislarse del mundo, sino preservar la propia estabilidad. Saber decir "hasta aquí" es, en muchos casos, un acto de madurez.

En el plano social, la presión del entorno puede empujarnos a traspasar límites que en realidad no deseamos cruzar. Aprender a decir "no" cuando una demanda compromete nuestro bienestar es una lección difícil, pero necesaria. Demasiadas veces cedemos por evitar incomodidades o por temor a decepcionar a otros, olvidando que la paz interior vale más que cualquier aprobación externa.

No puedo dejar de mencionar aquí el llamado "principio de incompetencia". Un excelente profesional puede fracasar al asumir responsabilidades para las que no está preparado. También en Masonería ocurre cuando aceptamos oficios o tareas movidos por la inercia o por el deseo de cumplir expectativas ajenas. Conocerse a uno mismo implica reconocer con honestidad qué lugar podemos ocupar y cuál no. Esta claridad beneficia tanto al individuo como al grupo del que forma parte.

Finalmente, en el ámbito público y moral, nuestros límites deberían estar guiados por principios éticos firmes. No toda corriente social ni todo discurso dominante merece nuestra adhesión. Mantener una razonable inflexibilidad en aquello que define nuestra conciencia es una forma de honrar la libertad interior.

Aceptar los propios límites no es renunciar a la grandeza, sino orientarla. No se trata de ser valientes sin medida, sino de ser sensatos con uno mismo y con los demás. A medida que avanzamos en el camino iniciático, comprendemos que la verdadera fortaleza no reside en sobrepasar cualquier frontera, sino en saber reconocer cuál es la nuestra y caminar con dignidad dentro de ella.

Honrar los propios límites es, en definitiva, una forma de conocerse, de cuidarse y de crecer. Y quizá también una manera de recordar que el perfeccionamiento no consiste en convertirse en algo distinto de lo que somos, sino en desplegar con plenitud aquello que ya habita en nuestro interior.

LA VENDA SOBRE LOS OJOS

> V.·. M.·. *Pueblo masónico, ¿qué deseas para el profano?*
>
> Todos: *¡La luz!*
>
> V.·. M.·.: *¡Que la luz de la sabiduría ilumine al profano!*
>
> (Ritual del Aprendiz, por C. Ruiz, 1875)

Tras llegar al lugar donde ha sido citado, al caballero profano se le vendan los ojos. Este gesto, aparentemente sencillo, marca el comienzo de una experiencia profundamente simbólica. Privado de la vista, el aspirante entra en un espacio donde todo se vuelve incierto y donde la confianza sustituye a la certeza. La venda no solo oculta el mundo exterior: invita a mirar hacia dentro.

En mi caso, viví ese momento desde una dualidad intensa entre la negación y la entrega. Negación, porque sentía que había realidades que aún me estaban vedadas; entrega, porque comprendía que aceptar la venda formaba parte del camino hacia una visión más profunda. Aquella oscuridad no era un castigo, sino una preparación. La aspiración de VER —con mayúsculas— comenzaba precisamente cuando dejaba de depender de lo visible.

Solo el paso del tiempo me ha permitido profundizar en el significado de la venda, aunque con la sensación de que todavía cubre, al menos parcialmente, uno de mis ojos. Tal vez el Aprendiz nunca llegue a retirarla del todo, porque la búsqueda de la luz es siempre un proceso inacabado.

La figura de la venda ha tenido a lo largo de la historia significados comunes en distintas culturas. En primer lugar, representa la paradoja entre la ceguera física y la visión interior: aquello que no se percibe con los sentidos puede revelarse en el plano espiritual. También simboliza la vulnerabilidad y la confianza, pues quien está vendado debe decidir entre la sospecha y la entrega a quienes le guían. Finalmente, la venda aparece como signo de imparcialidad y justicia, recordándonos que la verdadera objetividad exige mirar más allá de las apariencias.

En las sociedades occidentales, "quitarse la venda de los ojos" suele expresar el despertar a una verdad oculta o el abandono de prejuicios y errores. Esta idea atraviesa tanto la vida personal como el pensamiento filosófico y político, donde la liberación de la ignorancia se entiende como un proceso de iluminación progresiva.

En las culturas orientales encontramos ideas semejantes. El budismo habla del despertar que libera de las ilusiones del ego; el hinduismo describe el concepto de maya como el velo que oculta la realidad última. En las tradiciones cristiana e islámica, la ceguera espiritual simboliza la distancia respecto a lo divino y la necesidad de conversión interior. Todas estas visiones coinciden en señalar que la verdadera visión no depende solo de los ojos, sino de la conciencia.

En Masonería, la venda adquiere un significado particularmente profundo. El profano entra vendado, sumido en la oscuridad que representa su estado de desconocimiento. Esta tiniebla inicial no debe entenderse como una carencia negativa, sino como el punto de partida necesario para iniciar el camino hacia la verdad.

La primera retirada de la venda tiene lugar en la Cámara de Reflexión. Allí el aspirante contempla símbolos que le invitan a examinar su propia vida. Aunque ahora puede ver, lo hace todavía en penumbra, señal de que su conciencia apenas comienza a despertar. Este primer gesto simboliza el inicio de la introspección y el reconocimiento de la propia ignorancia.

Tras el juramento solemne, la venda se retira nuevamente para que el iniciado contemple a los Hermanos que le rodean. Las espadas apuntadas hacia él representan tanto la exigencia del compromiso adquirido como la protección de la fraternidad. En ese instante, la luz deja de ser una idea abstracta para convertirse en una experiencia compartida.

Finalmente, después de que el Pueblo Masónico haya pedido para él la Luz, la venda es retirada por última vez y el iniciado se une a la Cadena de Unión. Este momento simboliza la integración plena en la comunidad y la aceptación de una nueva forma de mirar el mundo. La luz recibida no es solo conocimiento, sino también responsabilidad.

El hecho de que el iniciado no se quite la venda por sí mismo posee un significado esencial. Recibir la luz a través de otros recuerda que el camino iniciático no es solitario. La transmisión del conocimiento exige humildad y apertura, reconociendo que necesitamos de quienes ya han recorrido parte del camino para avanzar. Como señala René Guénon, la iniciación implica siempre una transmisión que supera el esfuerzo individual.

Así, la venda sobre los ojos no representa únicamente la ignorancia inicial, sino también la confianza necesaria para comenzar un proceso de transformación. El Aprendiz aprende que ver no significa únicamente mirar, sino comprender; que la luz no llega de golpe, sino gradualmente; y que la verdadera visión nace cuando uno acepta ser guiado.

Tal vez por eso la venda no desaparece del todo. Incluso después de recibir la luz, permanece como recuerdo de nuestra condición humana y como invitación constante a seguir buscando. En esa tensión entre oscuridad y claridad se desarrolla el verdadero camino iniciático.

SER, DEBER SER, PODER SER

El ser humano, en algún momento de su vida, se pregunta quién es y qué hace aquí. No todos lo hacen con la misma intensidad ni con la misma frecuencia, pero la pregunta emerge tarde o temprano: ¿qué soy?, ¿qué debería ser?, ¿qué puedo llegar a ser?

Muchas veces esta reflexión se limita al ámbito profesional. ¿A qué quiero dedicarme? ¿Cómo ganaré más dinero? ¿Con qué esfuerzo mínimo? Pero esa dimensión, siendo legítima, resulta insuficiente. La verdadera pregunta no es solo qué hacer, sino qué ser.

Como persona me pregunto cómo es el mundo en el que vivo. Pero no me basta con describirlo; me pregunto también cómo debería ser y qué podría llegar a ser. Y como Aprendiz Masón esas mismas preguntas se dirigen hacia mí mismo: qué soy, qué debo ser y qué puedo ser.

La admisión en Masonería no es casual. Detrás de ella suele latir un deseo de crecimiento, de búsqueda interior. Cuando uno es recibido en Logia acude lleno de expectativas. Espera revelaciones, transformaciones rápidas, certezas inmediatas.

Y ahí comienza el primer aprendizaje: la necesidad de vaciar la taza.

Si acudimos llenos de expectativas rígidas, poco espacio queda para la experiencia real. La metáfora zen de la taza rebosante me ha acompañado desde mis primeros pasos. Solo cuando la taza se vacía puede llenarse de nuevo.

Ir a Tenida como un folio en blanco, como un bloque de plastilina moldeable, exige humildad. Significa aceptar que no sabemos, que estamos empezando, que la luz no consiste en ver inmediatamente, sino en estar en condiciones de ver.

Durante la Iniciación, el candidato es llamado profano, caballero, neófito y, finalmente, hermano. Cuando se pide la Luz para él y se retira la venda, algo cambia. Pero ese cambio no implica comprensión automática. Se abre la posibilidad de comprender. Nada más. Y nada menos.

Soy consciente de lo que soy: un Aprendiz con un largo camino por recorrer. Mi piedra bruta está ante mí. Sé que dentro de ella se esconde una forma más perfecta, pero no la distingo con claridad. Intuyo que hay en mí algo que puede desarrollarse, pero no sé aún cómo liberarlo.

Conozco las herramientas: mazo, cincel, regla. Las utilizo con cautela. Tal vez con excesiva cautela. El miedo a estropear la piedra puede paralizar el golpe.

Entiendo que el "deber ser" puede convertirse en carga si no se equilibra con el "poder ser". Saber lo que debería alcanzar no basta; necesito confiar en que puedo acercarme a ello.

El "deber ser" es ideal. El "ser" es realidad. El "poder ser" es posibilidad.

Entre los tres se mueve el trabajo iniciático.

Si me concentro solo en lo que soy, puedo acomodarme. Si me obsesiono con lo que debo ser, puedo frustrarme. Si creo que no puedo llegar a serlo, me paralizo.

El equilibrio consiste en aceptar lo que soy hoy, reconocer el ideal que me orienta y comprometerme con la posibilidad real de avanzar.

El labrado de la piedra es tarea exclusivamente mía. Nadie puede hacerlo por mí. Puedo recibir orientación, ejemplo, incluso advertencias, pero el golpe lo descargo yo.

Durante un tiempo he golpeado con suavidad excesiva. El temor al error me ha llevado a avanzar lentamente. Pero la pericia solo se adquiere practicando. El cincel no aprende apoyado; aprende golpeando.

Cada fragmento que salta de la piedra es pequeño. A veces casi imperceptible. Sin embargo, el trabajo constante transforma la masa informe.

He observado también que el miedo al error es, en parte, orgullo encubierto. No quiero equivocarme porque no quiero mostrar imperfección. Pero la imperfección es punto de partida inevitable.

Aceptar que soy contingente, limitado, imperfecto, es condición para progresar. No estoy llamado a la perfección inmediata, sino al esfuerzo perseverante.

El "poder ser" exige fe. No fe ciega, sino confianza razonada en que el trabajo sostenido produce resultado. Como recordaba Kipling, si arriesgas y pierdes, debes volver a empezar sin lamentarte.

Arriesgar en el contexto iniciático significa actuar conforme a criterio, asumir responsabilidad, atreverse a pensar y a expresarse. Significa no esconderse tras un silencio cómodo ni precipitarse por vanidad.

El Aprendiz vive entre inseguridad y esperanza. Sabe que el Maestro está dentro de la piedra, pero no lo ve. Confía en que existe, aunque todavía no pueda contemplarlo.

El "ser" me sitúa en el presente. El "deber ser" me orienta hacia el ideal. El "poder ser" me impulsa a trabajar.

Cada Tenida, cada lectura, cada reflexión, cada golpe sobre la piedra contribuye, aunque sea mínimamente, a ese proceso.

No se trata de transformaciones espectaculares. Se trata de constancia. De volver a colocarse el mandil cada día, aunque el avance parezca imperceptible.

En mis reflexiones he descubierto que el miedo al destrozo disminuye cuando acepto que el error forma parte del aprendizaje. Si golpeo demasiado fuerte, podré rectificar. Si golpeo demasiado débil, podré corregir.

Lo importante es no dejar de golpear.

Ser, deber ser y poder ser no son estados cerrados, sino dimensiones en tensión permanente. El trabajo iniciático consiste en mantenerlas en equilibrio dinámico.

Soy lo que soy hoy: imperfecto, limitado, aprendiz. Debo aspirar a mayor coherencia, mayor dominio interior, mayor claridad. Y puedo, con trabajo constante, aproximarme a ese ideal.

No sé cuánto tardaré. No sé qué forma adoptará finalmente la piedra. Pero sé que el único modo de avanzar es seguir trabajando.

Y si he de caer en el intento, caeré trabajando.

EGO Y CRITERIO

Cuando hablamos del "ego", casi siempre lo hacemos con una connotación negativa. Decimos de alguien que "tiene mucho ego" como si fuera un defecto evidente. Sin embargo, el ego no es en sí mismo un problema. Es parte constitutiva de nuestra identidad. El problema aparece cuando pierde proporción.

Sigmund Freud distinguió en la psique humana tres instancias: el ello, el yo (ego) y el superyó. El ello representa el impulso primario, la tendencia instintiva que busca satisfacción inmediata. El superyó encarna la conciencia moral, el sistema de normas y valores interiorizados. El ego, situado entre ambos, actúa como mediador: trata de armonizar los impulsos con las exigencias morales y con la realidad exterior.

Desde esta perspectiva, el ego no es enemigo; es necesario. Sin él no habría identidad, ni criterio, ni capacidad de decisión. El problema surge cuando el equilibrio se rompe.

En términos masónicos, podríamos decir que el ego debe mantenerse dentro del círculo trazado por el compás. Cuando se expande más allá de su justa medida, invade espacios que no le corresponden; cuando se contrae en exceso, paraliza la acción.

El ego se construye a lo largo de la vida. Se alimenta de nuestras experiencias, de la imagen que tenemos de nosotros mismos y de la que creemos que los demás tienen de nosotros. Aquí comienza una zona delicada: la diferencia entre lo que somos y lo que creemos ser.

Si nuestra autoimagen está razonablemente ajustada a la realidad, podremos actuar con serenidad. Sabremos cuáles son nuestras capacidades y también nuestras limitaciones. Pero si esa imagen se distorsiona —por defecto o por exceso— el desequilibrio se manifiesta.

Un ego desmedido puede expresarse de múltiples formas. A veces se manifiesta como necesidad constante de aprobación. No basta con hacer las cosas; es preciso que sean reconocidas. La alabanza se convierte en alimento indispensable. Cuando no llega, surge frustración o resentimiento.

Otras veces adopta una forma más sutil: el deseo de protagonismo. Intervenir siempre, opinar sobre todo, exhibir conocimientos aunque no sean necesarios. El ego busca reafirmarse mediante la visibilidad.

Existe también la manifestación opuesta, menos evidente pero igualmente vinculada al ego: el miedo a exponerse. El temor a no estar a la altura, a equivocarse, a no ser valorado. Bajo la apariencia de prudencia puede esconderse un ego que no tolera la posibilidad de quedar en segundo plano.

En ambos casos el centro no está en la verdad ni en el bien común, sino en la propia imagen.

El Aprendiz, en su trabajo interior, comienza a descubrir estas dinámicas. El silencio ritual no es solo disciplina externa; es oportunidad de observar los propios impulsos. ¿Por qué quiero hablar? ¿Por qué prefiero callar? ¿Busco aportar o destacar? ¿Evito intervenir por humildad o por temor?

Aquí entra en juego el criterio.

El criterio es la capacidad de discernir lo oportuno de lo superfluo, lo justo de lo impulsivo. Es fruto de la reflexión y del autoconocimiento. Mientras el ego tiende a reaccionar, el criterio invita a ponderar.

Actuar con criterio no significa ignorar la opinión ajena, pero tampoco depender de ella. Significa decidir conforme a convicciones razonadas, aceptando después tanto la crítica como la aprobación con equilibrio.

He llegado a pensar que uno de los mayores avances en el trabajo interior consiste en aprender a recibir críticas sin que el ego se sienta atacado, y alabanzas sin que se sienta engrandecido. Ambas pueden ser útiles si se gestionan con serenidad; ambas pueden deformar si se convierten en medida de nuestro valor.

El método masónico favorece este aprendizaje. La exposición de planchas, el contraste de opiniones, el diálogo respetuoso obligan a confrontar el propio pensamiento con el de los demás. Esa confrontación, si se vive con humildad, fortalece el criterio y modera el ego.

No se trata de anularlo. Un ego sano permite afirmar convicciones con claridad, asumir responsabilidades y sostener decisiones difíciles. Lo que debe evitarse es su hipertrofia.

Asumir que somos seres limitados es punto de partida indispensable. No somos perfectos ni poseemos la verdad completa. Nuestra visión es parcial. Esta conciencia, lejos de debilitarnos, nos protege del dogmatismo.

El ego desproporcionado busca imponerse; el criterio busca comprender. El ego teme perder imagen; el criterio aspira a aproximarse a la verdad. El primero reacciona; el segundo reflexiona.

En el trabajo iniciático, la rectificación forma parte del camino. Reconocer un error no disminuye la dignidad; la fortalece. Persistir en él por orgullo la erosiona.

Por eso considero que el equilibrio entre ego y criterio es una de las tareas permanentes del Aprendiz. Cada intervención, cada silencio, cada decisión ofrece ocasión de ejercitarlo.

Actuar conforme al propio criterio no significa aislarse del juicio ajeno, sino integrarlo sin someterse a él. Escuchar, ponderar y decidir con serenidad. Y una vez decidido, aceptar las consecuencias con ecuanimidad.

Si logramos que nuestro ego permanezca dentro de límites razonables, si aprendemos a observarlo sin dejarnos arrastrar por él, estaremos dando un paso importante en el labrado de nuestra piedra.

El ego no debe ser eliminado; debe ser educado. El criterio no nace espontáneamente; se cultiva. Y ese cultivo exige honestidad interior.

Tal vez el verdadero avance consista en que nuestras decisiones estén guiadas no por el deseo de reconocimiento ni por el temor al juicio, sino por la convicción razonada de que hacemos lo que consideramos justo.

En ese equilibrio discreto entre identidad y humildad comienza a vislumbrarse una auténtica madurez iniciática.

LA BÚSQUEDA DE LA VERDAD

La madurez comienza cuando el ser humano deja de aceptar sin examen lo que se le dice y empieza a interrogarse sobre ello. El niño cree; el adulto pregunta. Y en ese tránsito, silencioso pero decisivo, nace la inquietud por la verdad.

Durante los primeros años de vida solemos aceptar como indiscutibles las afirmaciones de padres, maestros o referentes. Solo cuando la conciencia despierta comenzamos a sospechar que no todo lo recibido es definitivo. Surgen entonces preguntas que no siempre encuentran respuesta inmediata: ¿es cierto lo que me han enseñado?, ¿existen otras interpretaciones?, ¿qué es, en definitiva, la verdad?

El Diccionario de la Real Academia recoge diversas acepciones del término: conformidad de las cosas con el concepto que de ellas forma la mente; conformidad de lo que se dice con lo que se siente; juicio que no puede negarse racionalmente; realidad misma. Algunas apuntan a una dimensión objetiva, otras a una vivencia subjetiva.

Pero antes de definirla, quizá convenga plantear una cuestión previa: ¿existe "La Verdad" con mayúsculas? ¿Una verdad absoluta, universal, aplicable a todos los tiempos y circunstancias?

Si afirmamos que sí, debemos reconocer también que ningún ser humano puede abarcarla en su totalidad. ¿Quién posee conocimiento completo del universo, de la historia, del pensamiento y de todas sus variables? Si existiera una Verdad absoluta, solo podría corresponder a una instancia trascendente. Para el hombre, lo accesible son verdades parciales, aproximaciones, fragmentos.

Esto no invalida la búsqueda; la hace más humilde.

En el ámbito humano hablamos de "la verdad" sobre un hecho, una idea o una interpretación concreta. Un juez busca la verdad de un delito; un historiador, la verdad de un acontecimiento; un científico, la verdad provisional que mejor explique un fenómeno. Pero incluso esas verdades están sujetas a revisión.

La ciencia misma nos ofrece ejemplos constantes. Descubrimientos que parecían definitivos se corrigen con nuevos datos. Teorías sólidas se reformulan. Lo que ayer era incuestionable hoy se matiza. La verdad empírica es siempre aproximativa, dependiente del estado del conocimiento.

Existe, además, otro ámbito aún más complejo: el de las verdades filosóficas o espirituales. Aquí la diversidad es mayor. Filósofos brillantes sostienen posiciones opuestas con argumentos igualmente consistentes. Religiones diferentes proclaman verdades últimas que no siempre coinciden.

Ante esta pluralidad, el riesgo es doble: o bien caer en el dogmatismo —aferrarse a una formulación como absoluta—, o bien deslizarse hacia el relativismo —considerar que todas las opiniones valen lo mismo.

El camino iniciático propone una tercera vía: la búsqueda personal, crítica y honesta.

Javier Otaola define el método masónico como un método de esclarecimiento personal, una sociabilidad filosófica que invita al encuentro con uno mismo. No se trata de acumular erudición, sino de despertar sabiduría. La verdad no se impone desde fuera; se descubre en el diálogo entre conciencia y experiencia.

Para el Aprendiz, esta búsqueda tiene un carácter especialmente exigente. No puede contentarse con repetir fórmulas ni con aceptar interpretaciones ajenas sin reflexión. Debe ejercitar su razón, pero también su rectitud interior.

Buscar la verdad implica conjugar cabeza, corazón y manos. La razón analiza; la conciencia examina; la conducta confirma. De poco sirve proclamar una verdad si no se traduce en comportamiento coherente.

El camino iniciático exige esfuerzo personal. A diferencia de la vía contemplativa —donde se espera la acción directa de lo trascendente—, aquí el trabajo corresponde al propio sujeto. Nadie puede recorrer por nosotros el sendero del discernimiento.

Esto no excluye el acompañamiento. El Segundo Vigilante orienta, la Logia acompaña, los Hermanos aportan perspectivas. Pero la comprensión auténtica solo se alcanza cuando la verdad se interioriza.

La búsqueda de la verdad no es acumulación de certezas, sino purificación progresiva del criterio. Se trata menos de poseer respuestas definitivas y más de aprender a formular preguntas adecuadas.

El Aprendiz debe acostumbrarse a desconfiar tanto de las afirmaciones rotundas como de sus propias inclinaciones inmediatas. El pensamiento crítico no consiste en negar por sistema, sino en examinar con honestidad.

El símbolo juega aquí un papel decisivo. No ofrece definiciones cerradas; sugiere caminos. Obliga a meditar, a comparar, a integrar. Cada herramienta, cada gesto ritual, contiene una parcela de verdad que solo se revela al que persevera.

Aldo Lavagnini recordaba que a cada adelanto del pie izquierdo —inteligencia o comprensión de la verdad— debe corresponder un igual adelanto del pie derecho —aplicación práctica—, en perfecta escuadra. Esa imagen resume la esencia del método: conocer y vivir deben avanzar juntos.

Si la comprensión supera a la conducta, surge incoherencia. Si la conducta se adelanta sin comprensión, aparece fanatismo. El equilibrio entre ambas es condición de autenticidad.

La búsqueda de la verdad exige también limpieza de intención. Quien investiga para confirmar sus prejuicios no busca verdad, sino justificación. Quien escucha solo para responder y no para comprender tampoco progresa.

Quizá la mayor lección para el Aprendiz sea esta: la verdad no se conquista; se merece. Y se merece mediante disciplina interior, honestidad intelectual y humildad constante.

Nunca poseeremos la Verdad absoluta. Pero podemos aproximarnos a verdades más ajustadas, más depuradas, más coherentes. Y esa aproximación, si se realiza con rectitud, ya constituye un avance.

La búsqueda de la verdad no termina en el Aprendiz; lo acompaña toda la vida iniciática. Pero es en este grado donde se sientan sus bases: aprender a pensar por uno mismo sin aislarse del diálogo; sostener convicciones sin caer en rigidez; examinar sin destruir.

Buscar la verdad es, en definitiva, buscarse a uno mismo. Y ese proceso, lejos de cerrarse, se profundiza a cada paso.

ASUMIR NUESTRA SOMBRA

«Nadie se ilumina imaginando figuras de luz, sino haciendo consciente su oscuridad.»

«Lo que niegas te somete, lo que aceptas te transforma.»

Carl G. Jung

En el lenguaje de la psicología analítica, la "Sombra" designa aquellos aspectos de nuestra personalidad que rechazamos o no reconocemos: impulsos, emociones, tendencias y rasgos que consideramos inaceptables. No se trata únicamente de defectos evidentes, sino también de capacidades no desarrolladas, deseos reprimidos o miedos silenciados.

La Sombra no es algo externo. Es parte constitutiva de nosotros mismos.

Desde muy temprano aprendemos que ciertas actitudes no son bien vistas: la agresividad, la envidia, la rebeldía, el orgullo, la pereza. Para ser aceptados reprimimos esas manifestaciones. El niño comprende pronto que, para recibir afecto, debe ocultar determinadas reacciones. Así comienza la construcción de una máscara.

Esa máscara —lo que Jung llamaría "persona"— nos permite convivir socialmente. Mostramos lo que deseamos que los demás vean y relegamos a la oscuridad lo que preferiríamos negar. Pero lo reprimido no desaparece; permanece activo en el inconsciente.

En términos simbólicos, el piso ajedrezado nos recuerda esta dualidad: luz y sombra conviven. Pretender ser solo luz es desconocer la estructura misma de nuestra naturaleza.

La Sombra no es únicamente el mal en sentido moral. Es todo aquello que el ego rechaza porque no encaja en la imagen ideal que hemos construido de nosotros mismos. Puede incluir inseguridades, resentimientos, deseos de poder, necesidad de reconocimiento, pero también talentos desaprovechados o energías contenidas.

El problema no es tener Sombra. El problema es ignorarla.

Lo negado tiende a manifestarse de forma indirecta. Lo que rechazamos en nosotros mismos suele proyectarse sobre los demás. Aquello que criticamos con mayor dureza en otro puede ser reflejo de un rasgo no asumido en nosotros.

He observado que las reacciones emocionales desproporcionadas suelen señalar esta proyección. Cuando una conducta ajena nos irrita de manera intensa, quizá esté tocando un aspecto que preferimos no reconocer.

Asumir la Sombra no significa justificarla ni permitir que nos domine. No se trata de ceder a los impulsos destructivos, sino de reconocer su existencia para poder integrarlos conscientemente.

La integración es distinta de la represión. La represión encierra; la integración ilumina.

El proceso de individuación —en términos junguianos— consiste precisamente en reconocer y reconciliar los aspectos contradictorios de nuestra personalidad. Ser íntegro no es ser impecable; es ser completo.

En el trabajo del Aprendiz, esta tarea es esencial. El labrado de la piedra bruta no consiste únicamente en eliminar imperfecciones visibles. Implica también mirar hacia dentro con honestidad.

Es más cómodo cultivar la imagen del iniciado recto, disciplinado y moralmente irreprochable. Pero si bajo esa imagen laten resentimientos, miedos o deseos no examinados, el edificio interior carecerá de estabilidad.

Asumir la Sombra requiere valentía. Significa admitir que no somos tan coherentes como creemos, que podemos albergar contradicciones, que el bien y el mal no son realidades externas que se combaten desde fuera, sino dimensiones que conviven en nosotros.

San Pablo expresaba esa tensión interior al reconocer que a veces no hacía el bien que quería, sino el mal que rechazaba. Esa experiencia no es excepción; es condición humana.

Sin embargo, durante siglos muchas tradiciones culturales han enfatizado exclusivamente el cultivo de virtudes visibles, relegando a la oscuridad los impulsos menos aceptables. Esta unilateralidad genera rigidez y, a menudo, hipocresía involuntaria.

El camino iniciático propone otra actitud: no negar la oscuridad, sino hacerla consciente. La conciencia es luz. Cuando identificamos una tendencia destructiva, pierde parte de su poder. Lo inconsciente domina; lo consciente puede ser orientado.

El proceso no es sencillo. No existe método rápido para integrar la Sombra. Requiere autoobservación constante, paciencia y sinceridad radical.

Algunas pistas pueden ayudarnos:

En la interacción con los demás, conviene observar qué críticas repetimos con mayor vehemencia. ¿Qué nos irrita? ¿Qué nos escandaliza? Quizá allí se encuentre una proyección.

En la gestión de nuestras emociones, es útil prestar atención a aquello que evitamos sentir. El dolor reprimido no desaparece; se transforma. La rabia no reconocida puede convertirse en resentimiento silencioso.

La integración comienza por nombrar lo que sucede en nosotros sin dramatismo ni autojustificación. Reconocer la envidia, el orgullo o el temor no nos convierte en peores; nos convierte en más conscientes.

El objetivo no es amar la Sombra en el sentido de glorificarla, sino aceptarla como parte de nuestra estructura psíquica. Solo así puede transformarse.

Cuando un aspecto oscuro es reconocido, puede canalizarse. La agresividad puede convertirse en firmeza; el deseo de reconocimiento en impulso creativo; la rebeldía en espíritu crítico constructivo.

Negar la Sombra, en cambio, la fortalece.

El Aprendiz que trabaja sobre sí mismo no puede limitarse a pulir la superficie. Debe examinar los impulsos que guían sus acciones. ¿Habla por deseo de aportar o de destacar? ¿Calla por prudencia o por miedo? ¿Ayuda por generosidad o por necesidad de aprobación?

Estas preguntas no buscan culpabilizar, sino clarificar.

Asumir nuestra Sombra es un acto profundamente personal. Nadie puede hacerlo por nosotros. Es un trabajo silencioso que no se exhibe, pero que transforma.

La verdadera luz no consiste en imaginar pureza absoluta, sino en integrar conscientemente nuestras contradicciones. Cuando aceptamos que somos seres complejos, dejamos de luchar contra una imagen idealizada y comenzamos a trabajar con la realidad.

El piso ajedrezado deja entonces de ser decoración simbólica y se convierte en recordatorio permanente de nuestra condición dual. Caminar sobre él es aceptar que la claridad y la oscuridad forman parte del mismo suelo.

La meta no es erradicar la Sombra, sino reducir su dominio inconsciente. A medida que se integra, aumenta nuestra libertad interior. Quizá por eso Jung afirmaba que lo negado nos somete y lo aceptado nos transforma.

El labrado de la piedra bruta exige también iluminar las zonas que preferiríamos no mirar. Solo así la construcción interior puede aspirar a solidez.

Asumir nuestra Sombra no nos convierte en seres perfectos. Nos convierte en seres más auténticos. Y la autenticidad es condición indispensable para cualquier progreso iniciático.

LA TRANSMUTACIÓN DEL YO

En la Cámara de Reflexión se concentran más preguntas que respuestas. Con el paso del tiempo he comprendido que no es un espacio que se agote en una sola visita. Es una enciclopedia simbólica a la que conviene regresar interiormente una y otra vez.

Recuerdo con nitidez una pequeña caja de madera que contenía tres ampollas de cristal. En aquel momento solo identifiqué una: el mercurio. Las otras dos eran para mí un misterio. Con el tiempo supe que se trataba de azufre y sal. Pero incluso conociendo sus nombres, estaba lejos de comprender su alcance.

Para la alquimia, estos tres elementos constituían los principios activos de toda sustancia: espíritu, alma y cuerpo. Más allá de su dimensión material, simbolizaban la posibilidad de transformación.

El mercurio representa la volatilidad, la capacidad de cambio. Es principio dinámico, adaptable, inquieto. El azufre simboliza la vitalidad, la chispa interior que impulsa. La sal, en cambio, expresa estabilidad, estructura, concreción.

Cambio, energía y firmeza.

La alquimia aspiraba a transmutar el plomo en oro. Pero su significado profundo nunca fue únicamente material. El plomo simboliza lo pesado, lo opaco, lo no elaborado. El oro, lo depurado, lo valioso, lo luminoso.

Si traslado ese símbolo a mi propia experiencia, comprendo que la transmutación no es otra cosa que el trabajo sobre mi propio YO. No sobre una parte de mí, sino sobre la totalidad.

Durante años he ido descubriendo que dentro de mí conviven aspectos luminosos y zonas densas, heridas, contradicciones. En una plancha anterior reflexionaba sobre la Sombra. La transmutación del YO es su continuación natural.

No se trata de eliminar aquello que no me gusta, sino de transformarlo.

Recuerdo conversaciones mantenidas hace años en un monasterio cisterciense. Allí planteé mi inquietud ante la exigencia evangélica de "sed perfectos". Me parecía inalcanzable. El maestro de novicios me explicó que quizá la palabra más adecuada no era "perfectos", sino "completos".

Ser completo no significa ser impecable. Significa integrar.

La alquimia interior no consiste en amputar zonas oscuras, sino en incorporarlas conscientemente. Amar con "todo el corazón" implica también aceptar aquello que preferiríamos ocultar.

¿Cómo podría amar al prójimo en su integridad si no soy capaz de aceptarme a mí mismo en la mía?

El piso ajedrezado nos recuerda esta condición dual. No somos solo luz. No somos solo sombra. Somos tensión entre ambas.

La transmutación comienza cuando dejo de negar el plomo que hay en mí.

Ese plomo puede adoptar muchas formas: orgullo herido, miedo, resentimiento, necesidad de reconocimiento, rigidez de criterio, inseguridad. No basta con declararlos inexistentes. Permanecen mientras no sean reconocidos.

Pero aquí la alquimia ofrece esperanza: el plomo no se descarta; se transforma.

El mercurio, como capacidad de cambio, me invita a no fijar mi identidad en mis defectos. Nada está definitivamente cristalizado. El azufre, como energía vital, me recuerda que incluso los impulsos más incómodos contienen fuerza susceptible de ser orientada. La sal, como estabilidad, impide que el proceso derive en volatilidad sin forma.

Transmutar el YO exige permitir que estos tres principios actúen simultáneamente.

Cambio sin estabilidad conduce a dispersión. Estabilidad sin cambio conduce a rigidez. Energía sin dirección conduce a desorden.

La transmutación no es acto puntual, sino proceso constante. No sucede de una vez. Es lenta, paciente, a veces imperceptible.

Implica observarme sin autoengaño. Reconocer mis reacciones automáticas. Preguntarme por la raíz de mis emociones. Examinar mis motivaciones.

Y aceptar que no todo en mí es oro.

La materia plomiza no es enemiga; es punto de partida. Está cargada de energía. Pero necesita ser sometida al fuego del discernimiento y a la disciplina del trabajo interior.

Este proceso requiere humildad. El orgullo es incompatible con la alquimia interior. Mientras me aferre a una imagen idealizada de mí mismo, bloquearé cualquier transformación.

Aceptar la propia imperfección no significa resignarse a ella. Significa reconocerla como materia prima.

También exige paciencia. La impaciencia es enemiga del cambio profundo. Queremos resultados inmediatos, pero la piedra no se pule en un solo golpe.

Creo que incluso los fracasos forman parte del proceso. Intentar transformar una reacción y no lograrlo no es derrota definitiva. Es conciencia creciente.

La verdadera transmutación no convierte al hombre en ser impecable. Lo convierte en ser más consciente.

Quizá la meta no sea alcanzar una perfección inhumana, sino aproximarse a mayor coherencia.

Ser completo, no perfecto.

En mi propio camino intento aplicar el dinamismo del mercurio, la vitalidad del azufre y la solidez de la sal. No siempre lo logro. Pero el simple hecho de intentarlo ya modifica algo en mí.

La alquimia interior no busca fabricar oro externo, sino revelar el oro latente.

Y ese oro no es otra cosa que mayor autenticidad, mayor dominio interior, mayor capacidad de amar con integridad.

La transmutación del YO no es exhibición. Es trabajo silencioso. No produce aplauso; produce maduración.

Si consigo ser un poco menos rígido, un poco más consciente, un poco más capaz de integrar mis contradicciones, el proceso habrá comenzado.

Quizá nunca alcance una transformación completa. Pero cada paso, por pequeño que sea, pesa más que la inercia.

Porque el plomo que no se trabaja se endurece. El plomo que se somete al fuego se refina.

Y mientras exista voluntad de transformación, el proceso alquímico seguirá vivo.

LIBERTAD DE CONCIENCIA Y CONCIENCIA DE LIBERTAD

La libertad de conciencia es uno de los conceptos más invocados y, paradójicamente, menos profundizados en nuestra tradición. Se habla de libertad ideológica, religiosa o de expresión, pero rara vez se distingue entre dos realidades íntimamente relacionadas y, sin embargo, diferentes: la libertad de conciencia y la conciencia de libertad.

Antes de abordarlas, conviene detenerse en algo previo: la condición humana.

El hombre deja de ser mero "ser vivo" cuando toma conciencia de sí mismo. No solo existe: sabe que existe. Y en ese saber aparecen tres dimensiones esenciales: identidad, alteridad y libertad.

La identidad es la conciencia de ser uno mismo, irrepetible. La alteridad es el reconocimiento de que los demás también lo son. Y la libertad es la facultad de decidir cómo situarse ante esa realidad.

Cuando estas tres dimensiones se integran, nace la dignidad. La libertad de conciencia es, en última instancia, una expresión de esa dignidad: la posibilidad de pensar, juzgar y actuar conforme a la propia convicción interior.

Pero aquí surge una primera distinción importante.

No debemos confundir conciencia con consciencia. La consciencia es la capacidad de percibirnos y percibir la realidad; la conciencia, en cambio, tiene una dimensión moral y reflexiva: es el juicio interior sobre lo que consideramos justo o injusto, verdadero o erróneo.

Ambas se desarrollan progresivamente. No nacemos plenamente conscientes ni plenamente libres en sentido interior.

Y aquí entra el primer concepto: la conciencia de libertad.

Conciencia de libertad

Desde que nacemos, recibimos condicionamientos. Familia, entorno social, educación, religión, cultura, experiencias tempranas... Todo ello configura un marco interpretativo que influye profundamente en nuestra manera de pensar y actuar.

Durante años actuamos creyendo que decidimos libremente, cuando en realidad respondemos a patrones interiorizados. Repetimos convicciones heredadas sin examinarlas. Aceptamos valores sin cuestionarlos.

Tomar conciencia de libertad significa advertir que podemos revisar esos condicionamientos. Que no estamos condenados a reproducirlos automáticamente.

Es un momento decisivo en la vida de cualquier persona: descubrir que uno puede elegir. Que puede disentir de lo recibido. Que puede reformular sus convicciones.

Sin esta conciencia de libertad, la libertad de conciencia es imposible. Porque solo quien sabe que puede elegir comienza a hacerlo.

En muchos casos, el individuo no llega nunca a plantearse esa posibilidad. Vive dentro de un sistema de creencias heredado y lo identifica con su propia identidad. En otros casos, toma conciencia y se atreve a revisar lo aprendido.

Este despertar no es fácil. Supone incomodidad, ruptura con inercias, incluso riesgo de incomprensión. Pero es condición necesaria para la madurez.

Libertad de conciencia

Una vez que el individuo es consciente de su libertad interior, puede plantearse el segundo plano: el ejercicio real de esa libertad.

La libertad de conciencia implica poder pensar, creer, opinar y actuar conforme a las propias convicciones sin coerción externa ilegítima. Supone ausencia de imposición en el ámbito íntimo del juicio moral y espiritual.

Sin embargo, esta libertad puede verse limitada por factores geopolíticos, sociales o culturales. Hay contextos donde expresar una convicción diferente conlleva marginación o sanción. En tales casos, la libertad de conciencia se convierte en resistencia silenciosa.

Pero incluso en sociedades formalmente libres existe otra forma más sutil de limitación: la presión del entorno, la opinión dominante, el miedo al aislamiento. No siempre es el poder político quien restringe la conciencia; a veces es el grupo.

Aquí la Masonería adquiere un significado particular.

La Orden se define como asociación de hombres libres que solo dependen de su conciencia. Ese ideal implica algo más que tolerancia externa: exige respeto radical a la libertad interior de cada hermano.

La Logia debería ser espacio donde la conciencia pueda ejercerse sin temor, donde la discrepancia razonada no sea motivo de exclusión y donde el diálogo sustituya al dogmatismo.

Esto no significa ausencia de reglas. Toda institución necesita marco normativo. Pero las reglas no deben asfixiar la conciencia, sino garantizar su ejercicio armónico.

Existe, sin embargo, un riesgo constante: convertir convicciones legítimas en posiciones rígidas. Incluso en ámbitos que proclaman libertad pueden surgir formas sutiles de dogmatismo.

La libertad de conciencia no es licencia para imponer la propia verdad. Es reconocimiento de que cada hermano transita su propio proceso de búsqueda.

La verdadera libertad de conciencia exige responsabilidad. No basta con afirmar "pienso así". Es necesario examinar por qué pienso así, si mis convicciones están razonadas o si son mera reacción.

La libertad sin reflexión degenera en arbitrariedad. La conciencia sin libertad lo hace en sumisión. Por eso la expresión completa del concepto requiere ambas dimensiones: conciencia de libertad y libertad de conciencia.

Primero debo saber que puedo pensar por mí mismo. Después debo ejercer ese derecho con honestidad y respeto hacia la alteridad.

En el grado de Aprendiz, esta tarea es especialmente relevante. Se nos invita a pensar, a cuestionar, a estudiar, a reflexionar. No se nos exige adhesión ciega, sino compromiso consciente.

El trabajo iniciático consiste, en parte, en despojarnos de prejuicios heredados y revisar nuestras propias certezas. No para destruirlas, sino para fundamentarlas.

La libertad de conciencia no es ruptura permanente con todo lo recibido. Es capacidad de asumirlo críticamente.

Y cuando esa libertad se integra con el respeto a la alteridad, nace la auténtica fraternidad. Una fraternidad donde no se uniforma el pensamiento, sino que se armoniza la diversidad. Donde cada uno puede ser fiel a su conciencia sin negar la del otro.

Tal vez la mayor prueba de libertad interior sea esta: poder convivir con quien piensa distinto sin sentir amenaza.

La conciencia de libertad nos permite elegir. La libertad de conciencia nos permite sostener esa elección con dignidad.

En esa conjunción se asienta el verdadero ideal masónico: hombres que, dependiendo solo de su conciencia, buscan la verdad sin imponerla y la defienden sin fanatismo.

FANATISMO

El término "fanático" procede del latín *fanum*, santuario. En su origen designaba a quien estaba consagrado a un templo. Con el tiempo, el significado evolucionó hasta referirse a quien defiende con apasionamiento extremo una creencia.

El Diccionario de la Real Academia define el fanatismo como el "apasionamiento y tenacidad desmedida en la defensa de creencias u opiniones". La definición es correcta, pero insuficiente. Porque el fanatismo no es solo exceso de pasión: es pérdida de criterio.

Si anteriormente reflexionábamos sobre la libertad de conciencia, aquí debemos preguntarnos qué ocurre cuando esa libertad se deforma.

El fanatismo nace cuando una convicción —legítima en sí misma— se convierte en absoluta e incuestionable. Cuando deja de ser convicción razonada para transformarse en identidad rígida.

El fanático no defiende una idea; se confunde con ella.

Toda persona necesita referencias, creencias, valores. Sin ellos no hay orientación vital. El problema surge cuando la adhesión se vuelve incondicional, cuando la idea se sitúa por encima de cualquier examen crítico.

El fanatismo no se caracteriza solo por la intensidad de la creencia, sino por la incapacidad de diálogo. Allí donde no cabe la posibilidad de estar equivocado, comienza el territorio del fanático.

Históricamente, el fanatismo ha encontrado terreno fértil en la religión y en la política, especialmente cuando ambas se han mezclado. Pero no se limita a esos ámbitos. Puede manifestarse en el deporte, en la cultura, incluso en debates cotidianos.

Sin embargo, el rasgo común no es el objeto de la creencia, sino la actitud.

El fanático:

– Considera sus ideas incuestionables.

– Desea imponerlas.

– Desprecia al discrepante.

– Reduce la realidad a blanco o negro.

– Carece de espíritu crítico hacia sí mismo.

Pero quizá el rasgo más preocupante es otro: la certeza absoluta de poseer la verdad.

Aquí aparece un matiz delicado. La firmeza en las convicciones no es fanatismo. La coherencia tampoco lo es. El fanatismo comienza cuando la seguridad se transforma en impermeabilidad.

Bertrand Russell afirmaba que nunca moriría por sus creencias, porque podría estar equivocado. Esta frase no expresa debilidad, sino lucidez. El fanático no contempla esa posibilidad.

Existe también una forma más sutil y extendida: el microfanatismo. No se manifiesta necesariamente con violencia, pero sí con intolerancia silenciosa. Es el rechazo interior inmediato hacia quien piensa distinto. Es la irritación automática ante la discrepancia.

Debo reconocer que nadie está completamente a salvo de estas tendencias. En ocasiones detecto en mí mismo reacciones que, examinadas con honestidad, revelan rigidez. Es fácil identificar el fanatismo ajeno; más difícil reconocer el propio.

José Luis López Aranguren observaba con ironía que cuando hablamos de fanatismo pensamos siempre en el de los otros. Nosotros, en todo caso, estamos "seguros de nuestra verdad". Y aquí radica el núcleo del problema.

La seguridad interior puede ser fruto de reflexión profunda, pero también puede ser resultado de prejuicios no examinados. La línea divisoria es el espíritu crítico.

El fanatismo suele eclosionar cuando lo relativo se convierte en absoluto. Opiniones personales, interpretaciones culturales o creencias históricas se elevan a categoría de verdad definitiva.

Pero también puede surgir en el extremo contrario: cuando se absolutiza la negación de toda verdad. El rechazo dogmático de cualquier certeza puede convertirse en una nueva forma de dogmatismo. En ambos casos se pierde la humildad intelectual.

El método masónico propone una actitud distinta: búsqueda constante, reflexión, diálogo, contraste. La verdad no se posee; se persigue. Y en ese camino, la posibilidad de error no es amenaza, sino estímulo.

El fanatismo simplifica la realidad. Divide el mundo en aliados y enemigos. "Conmigo o contra mí". Esa lógica elimina la complejidad y empobrece el pensamiento. En cambio, la conciencia libre admite matices. Reconoce que el otro puede tener parte de razón. Acepta que nuestras convicciones pueden perfeccionarse.

El fanatismo suele alimentarse del miedo: a perder identidad, a quedar desorientado, a reconocer incertidumbre. Aferrarse rígidamente a una idea proporciona sensación de seguridad. Pero esa seguridad es frágil, porque depende de excluir cualquier cuestionamiento.

El Aprendiz, en su trabajo interior, debe vigilar especialmente esta tendencia. La búsqueda de la verdad exige apertura. El fanatismo la clausura.

Existe una paradoja interesante: el fanático suele considerarse defensor de la verdad, cuando en realidad la está traicionando. Porque la verdad no necesita violencia para afirmarse; necesita claridad.

Cuando una convicción se sostiene solo mediante descalificación del discrepante, probablemente esté debilitada.

La libertad de conciencia que defendíamos antes implica aceptar que el otro también la posee. Sin esta reciprocidad, la libertad se convierte en privilegio unilateral.

La Logia debería ser espacio donde el fanatismo no encuentre lugar. No porque todos pensemos igual, sino porque todos aceptamos la posibilidad de estar equivocados. La discrepancia respetuosa fortalece; la imposición empobrece.

El antídoto del fanatismo no es la indiferencia, sino la humildad. No se trata de renunciar a convicciones, sino de sostenerlas sin convertirlas en arma.

El fanático busca adhesión; el iniciado busca comprensión. El primero necesita seguidores; el segundo necesita diálogo.

En el fondo, el fanatismo es una forma de inseguridad disfrazada de firmeza.

Quizá por eso el verdadero progreso iniciático consiste en mantener convicciones firmes con espíritu flexible. Defender lo que creemos justo, pero sin negar al otro su derecho a pensar distinto.

Aceptar la posibilidad de error no debilita la verdad; la purifica. Y tal vez la señal más clara de madurez sea esta: poder decir "esta es mi convicción" sin necesidad de añadir "y la única válida".

LA GEOMETRÍA COMO CAMINO INTERIOR

Hay símbolos que no se comprenden plenamente en el momento en que se reciben. Permanecen durante años como una presencia silenciosa que acompaña al iniciado sin exigirle una interpretación definitiva. La letra G es uno de esos signos que, más que explicarse, se va desvelando lentamente a medida que el masón aprende a mirarse a sí mismo con mayor profundidad.

Durante mucho tiempo se ha intentado fijar su significado en una sola palabra: Geometría, Dios, Generación, Gnosis… Pero quizá el error resida precisamente en querer apresar el símbolo dentro de una definición cerrada. La G no parece destinada a ser poseída intelectualmente, sino a actuar como una orientación interior, como una brújula que recuerda al iniciado que existe un orden más alto que el de sus impulsos inmediatos.

Si la entendemos como Geometría, no deberíamos limitarla al cálculo de formas o a la exactitud matemática. La Geometría de la tradición iniciática remite a una armonía invisible que sostiene el mundo. Platón habló de un universo inteligible donde las formas perfectas existen antes de su manifestación sensible. Desde esa perspectiva, todo lo que vemos sería apenas un reflejo imperfecto de un orden más profundo.

Esta idea, trasladada al trabajo masónico, adquiere un sentido íntimo. La piedra que cada uno talla no alcanza nunca la perfección absoluta; sin embargo, el esfuerzo constante por acercarse a ella transforma al propio tallador. Así, la Geometría deja de ser una ciencia exterior para convertirse en una disciplina del alma. No se trata de construir figuras perfectas, sino de buscar proporción entre pensamiento, palabra y acción.

Tal vez por eso la letra G se sitúa en el centro de la Estrella Flamígera. No como un signo de dominio, sino como una invitación a recordar que todo conocimiento verdadero exige una transformación interior. El iniciado descubre que el mundo no se ordena solo mediante leyes externas; también requiere una disposición ética que permita vivir conforme a ese orden.

La experiencia enseña que el hombre tiende a los extremos: o bien se aferra a una rigidez que lo endurece, o se dispersa en una libertad sin medida. La Geometría simbólica propone un equilibrio entre ambas tendencias. La recta nace del punto, y la firmeza solo alcanza su plenitud cuando se armoniza con la flexibilidad. Así, el masón aprende que la verdadera rectitud no es inflexibilidad, sino coherencia; y que la verdadera libertad no es ausencia de límites, sino elección consciente de aquello que construye.

En este sentido, la letra G puede leerse como una llamada a la interioridad. No exige una fe determinada ni impone una doctrina cerrada; simplemente recuerda que la vida adquiere sentido cuando se orienta hacia una medida superior. Esa medida no se impone desde fuera. Nace del trabajo paciente sobre uno mismo, de la observación constante de los propios pensamientos y de la voluntad de transformar aquello que aún permanece desordenado.

Quien avanza en el camino iniciático descubre que la Geometría no se aprende únicamente en los libros ni en las planchas. Se aprende en la vida cotidiana, en la forma de escuchar al otro, en la capacidad de sostener el silencio, en la manera de ejercer la palabra con responsabilidad. Cada gesto puede convertirse en una línea trazada sobre el plano invisible de la existencia.

Hay, además, una dimensión profundamente ética en esta interpretación. La Geometría no busca el perfeccionamiento individual como un fin en sí mismo, sino como una contribución al equilibrio del conjunto. Así como cada piedra debe encontrar su lugar en el edificio común, cada acto del masón influye en la armonía del mundo que habita. La G recuerda que la construcción interior no puede desligarse del servicio a los demás.

Con el paso del tiempo, el iniciado comprende que el verdadero aprendizaje no consiste en acumular significados simbólicos, sino en simplificar la mirada. Lo esencial se vuelve cada vez más claro: vivir con rectitud, actuar con justicia, pensar con libertad y amar con generosidad. La Geometría se revela entonces como una forma de sobriedad espiritual, una manera de caminar sin exceso de palabras ni de certezas.

Quizá por eso el símbolo permanece abierto. No obliga a elegir entre una interpretación racional o espiritual, entre ciencia o trascendencia. Ambas dimensiones se encuentran en él como las dos caras de una misma realidad. La precisión geométrica puede convivir con el misterio; la razón puede dialogar con la intuición sin anularla.

Cuando el masón mira la letra G desde esta perspectiva, deja de verla como un signo externo y comienza a percibirla como un proceso vivo. Ya no representa algo que deba alcanzarse, sino un movimiento constante hacia una mayor coherencia interior. Cada día ofrece la oportunidad de trazar una nueva línea, de corregir una desviación, de ajustar la proporción entre lo que se piensa y lo que se hace.

Al final, la enseñanza más profunda tal vez sea esta: la Geometría no se posee, se encarna. No pertenece a quien la estudia, sino a quien permite que transforme su manera de estar en el mundo. El símbolo deja entonces de ser un objeto contemplado desde fuera y se convierte en una actitud silenciosa que acompaña cada decisión.

Así, la letra G no es únicamente una herencia recibida de la tradición; es también una responsabilidad hacia el futuro. Cada masón está llamado a continuar esa obra invisible, no imponiendo una forma única, sino ofreciendo su propio trazado con generosidad y gratuidad. Porque toda construcción auténtica nace del reconocimiento de que nada nos pertenece por completo y de que todo conocimiento alcanza su plenitud cuando se comparte sin esperar recompensa.

Tal vez ahí resida el verdadero flamear de la Estrella: en el instante en que la Geometría deja de ser una idea abstracta y se convierte en vida vivida. En ese momento, el iniciado comprende que la armonía que buscaba fuera estaba siempre aguardando en su interior, esperando ser descubierta, trazada y ofrecida al mundo como una obra abierta, siempre inacabada, siempre en camino.

EL ESPEJISMO DE LA LIBERTAD

Desde el primer contacto con la Cámara de Reflexión, el iniciado intuye que la libertad no es un don que se posee sin más, sino una conquista interior que debe ganarse con lucidez, voluntad y perseverancia. Al abandonar los metales y enfrentarse a los símbolos del tiempo y de la muerte, comprende que la mayor de las cadenas es la inconsciencia de estar encadenado.

¿Es libre el ser humano? ¿Hasta qué punto nuestra libertad es real y no solo nominal? ¿Elegimos verdaderamente o simplemente reaccionamos a condicionamientos que no advertimos?

Vivimos en sociedades que proclaman la libertad como uno de sus valores supremos. Podemos elegir productos, opiniones, asociaciones, incluso convicciones religiosas o ideológicas. Pero cuando descendemos al plano de la experiencia concreta, advertimos que muchas de nuestras decisiones están preconfiguradas por hábitos, educación, entorno cultural, expectativas sociales y miedos.

Elegimos, sí. Pero ¿desde dónde elegimos?

El Aprendiz entra vendado en el Templo. Esa venda simboliza la ignorancia, pero también los prejuicios y condicionamientos que arrastramos sin advertirlo. La libertad aparente puede no ser más que repetición automática de patrones heredados.

El verdadero trabajo comienza cuando advertimos esa venda interior.

Si tuviéramos que distinguir entre libertad de acción, libertad de pensamiento y conciencia de libertad, probablemente elegiríamos alguna de las dos primeras como la más valiosa. Sin embargo, la más profunda puede ser la conciencia de libertad: saber que podemos elegir, incluso cuando las circunstancias limitan nuestras opciones.

Quien carece de esa conciencia acepta lo dado como inmodificable. Se adapta, repite, obedece. En cambio, quien es consciente de su libertad interior puede conservar dignidad incluso en condiciones adversas.

La tradición estoica sostenía que no somos libres respecto a lo que sucede fuera de nosotros, pero sí respecto a nuestra actitud ante ello. No siempre podemos cambiar los hechos, pero sí la forma en que los asumimos.

En el simbolismo masónico, esta enseñanza encuentra eco en la escuadra y el nivel: rectitud de conducta y equilibrio interior frente a las contingencias.

Sin embargo, el espejismo moderno de la libertad adopta otra forma. Se nos presenta como capacidad ilimitada de elección, cuando en realidad muchas veces elegimos dentro de un catálogo previamente diseñado. Consumimos opciones más que construir decisiones.

La libertad superficial distrae de la libertad esencial.

Además de los condicionamientos visibles —familiares, culturales, económicos— existen presiones más sutiles: la opinión dominante, el deseo de aceptación, el temor a la exclusión. A menudo no es la ley quien limita nuestra libertad, sino el entorno.

"Eso no se dice." "Eso no se hace." "Eso está mal visto." La censura invisible puede ser más eficaz que la prohibición explícita.

En este contexto, la libertad de conciencia se convierte en un acto de responsabilidad. No basta con poder pensar; es necesario atreverse a pensar por uno mismo.

Pero aquí surge otro riesgo: confundir libertad con arbitrariedad. La libertad no consiste en hacer lo que apetece, sino en actuar conforme a convicciones examinadas.

El compás enseña precisamente a trazar límites. No toda acción posible es acción justa. No toda opinión merece ser defendida sin reflexión. La libertad auténtica exige disciplina interior.

Si actuamos movidos únicamente por impulsos o emociones no depuradas, somos esclavos de ellas. Si respondemos automáticamente a expectativas externas, somos esclavos del entorno. Si adoptamos convicciones sin examinarlas, somos esclavos de prejuicios. La libertad real comienza cuando advertimos estas cadenas invisibles.

El método masónico invita a ese examen constante. El trabajo sobre la piedra bruta simboliza la depuración de nuestras motivaciones. El silencio del Aprendiz no es pasividad; es escucha interior. Porque solo quien se conoce puede elegir con conciencia.

También la expresión forma parte de esta reflexión. No basta con que formalmente podamos hablar; necesitamos poder hacerlo sin miedo al desprecio o la exclusión. La Logia debería ser espacio donde la palabra circule con respeto y el disenso se viva como oportunidad de aprendizaje.

Esto no implica ausencia de normas. La palabra se pide y se concede, el turno se respeta, el tono se cuida. Pero dentro de ese marco, la conciencia debe poder expresarse sin temor.

La libertad es frágil cuando depende exclusivamente de circunstancias externas. Puede perderse con facilidad. En cambio, la conciencia de libertad es más resistente: nadie puede arrebatarnos la capacidad de reflexionar y decidir interiormente cómo situarnos ante lo que ocurre.

Por eso, si tuviera que elegir una sola forma de libertad para el ser humano, escogería la conciencia de libertad. Porque quien sabe que es libre, aunque esté limitado, conserva dignidad. Y quien ignora su libertad, aunque viva en un entorno permisivo, puede ser profundamente dependiente.

La libertad no es una posesión definitiva, sino un ejercicio constante. Se conquista cada día mediante examen interior, rectitud de intención y coherencia de conducta.

El hombre verdaderamente libre no es quien hace lo que quiere, sino quien sabe por qué hace lo que hace. Quien distingue entre impulso y convicción. Quien puede adaptarse sin traicionarse y callar sin someterse.

Solo entonces la libertad deja de ser espejismo y se convierte en camino.

DIÁLOGO: ESA ENTELEQUIA

En tiempos de crispación y monólogos enfrentados, el diálogo parece haberse convertido en una palabra invocada con frecuencia y practicada con escasez. Se pronuncia como promesa, pero rara vez se vive como experiencia. Reflexionar sobre él no es solo un ejercicio cívico; es también un deber iniciático. Porque sin diálogo —con los demás y con uno mismo— no hay construcción posible.

El Diccionario define diálogo como "plática entre dos o más personas que alternativamente manifiestan sus ideas o afectos". La definición parece sencilla, pero encierra una exigencia profunda: alternancia, escucha, reciprocidad.

En nuestra práctica masónica, el diálogo no es improvisación. La palabra se pide, se concede, se ejerce con mesura. El silencio no es vacío; es respeto. El turno no es formalismo; es reconocimiento de la alteridad.

Sin embargo, fuera del Templo, lo que con frecuencia llamamos "diálogo" es una sucesión de monólogos cruzados. Se habla para convencer, no para comprender. Se interrumpe, se desacredita, se ridiculiza. Las redes sociales, que podrían haber ampliado el espacio del intercambio, a menudo lo reducen a consignas breves y juicios sumarios.

Hablar verdaderamente con otro es un acto de riesgo. Supone exponerse, permitir que la palabra ajena roce nuestras certezas. Exige tiempo y humildad. Y sobre todo, exige escucha activa.

He tenido la fortuna de participar en pequeños grupos donde el diálogo es real: exposición alternativa de ideas acompañada de afecto y respeto. En esos espacios se aprende algo esencial: no se dialoga para vencer, sino para comprender mejor.

Ese espíritu debería ser natural en Logia. Aquí no se trata de imponer convicciones, sino de compartirlas. Cada plancha expuesta es una invitación al contraste, no una declaración de infalibilidad.

El diálogo no significa relativismo. No implica renunciar a convicciones. Significa reconocer que el otro puede aportar luz sobre aquello que creemos comprender.

Pero el diálogo auténtico comienza antes de dirigirse al otro: empieza en el interior.

Existe un diálogo silencioso que precede al exterior: el que mantenemos con nuestras propias dudas, contradicciones y certezas. En la Cámara de Reflexión se nos invita precisamente a ese primer ejercicio: escuchar antes de hablar.

Quien no sabe dialogar consigo mismo difícilmente podrá dialogar con los demás.

Si evitamos nuestras propias preguntas incómodas, si acallamos nuestras contradicciones, tenderemos a rechazar también las preguntas ajenas. El monólogo exterior suele ser reflejo de un monólogo interior no resuelto.

El diálogo exige aceptar que no poseemos la verdad completa. Y esta aceptación no es debilidad; es madurez.

En el ámbito social se invoca con frecuencia el "diálogo político" o el "diálogo social". Pero muchas veces se trata de acuerdos prefijados, donde las posiciones apenas se modifican. El término se convierte así en entelequia: algo nombrado, pero no realizado.

En la vida cotidiana ocurre algo semejante. Conversaciones superficiales sustituyen intercambios reales. Se evita el desacuerdo por comodidad o temor. O se exacerba por orgullo.

Dialogar implica sostener la diferencia sin convertirla en amenaza.

El método masónico ofrece un modelo interesante. Aquí se aprende a disentir con elegancia, a escuchar sin interrumpir, a matizar sin descalificar. El respeto ritual no es un adorno; es pedagogía.

La democracia —como han señalado diversos pensadores— no se sostiene únicamente en el voto, sino en la deliberación. Y deliberar es examinar juntos una cuestión, no competir por imponerla.

En Logia, cuando un Hermano toma la palabra desde su Columna, lo hace sabiendo que su voz es parte de un conjunto. No habla para anular, sino para contribuir.

Existe una relación profunda entre libertad de conciencia y diálogo. Sin libertad interior, el diálogo es imposible. Pero sin diálogo, la libertad degenera en aislamiento.

La palabra necesita ser contrastada para afinarse. El pensamiento que no se expone corre el riesgo de endurecerse.

El diálogo no es solo intercambio de argumentos; es también vínculo afectivo. Solo escucha verdaderamente quien respeta. Solo responde con mesura quien reconoce al otro como igual en dignidad.

Por eso el ágape masónico no es un simple momento distendido; es prolongación simbólica del trabajo. Allí la palabra fluye con mayor espontaneidad, pero debería conservar el mismo espíritu de respeto.

Estoy convencido de que el verdadero diálogo no elimina el desacuerdo, sino que lo ilumina. Las diferencias no desaparecen, pero se vuelven comprensibles. Y cuando la diferencia se comprende, deja de ser amenaza.

Quizá el mayor obstáculo para el diálogo sea el orgullo. El deseo de tener razón, de no ceder, de no reconocer error. Sin embargo, la rectificación no debilita; fortalece.

En el trabajo iniciático, aprender a escuchar es tan importante como aprender a hablar. El Aprendiz, que guarda silencio durante un tiempo, experimenta que escuchar es también una forma activa de participación.

Solo quien escucha puede construir.

El diálogo es, en definitiva, una forma de estar en el mundo. Supone reconocerse incompleto y aceptar que el otro puede aportar lo que nos falta.

No podemos cambiar de inmediato el clima crispado que nos rodea. Pero sí podemos cultivar pequeños espacios de diálogo auténtico: en la familia, en la amistad, en la Logia.

Pequeños gestos: preguntar antes de afirmar, matizar antes de juzgar, escuchar antes de responder.

Decía Octavio Paz que el diálogo es el único vínculo que nos queda. Para el masón, es además un instrumento de construcción interior.

Porque el Templo no se edifica con piedras aisladas, sino con piezas ajustadas. Y ese ajuste se logra mediante la palabra respetuosa y la escucha sincera.

Si queremos que la libertad no sea espejismo y que la conciencia no derive en fanatismo, debemos preservar el arte del diálogo.

No como fórmula vacía, sino como ejercicio cotidiano.

OBJETO DEL GRADO DE APRENDIZ

La Masonería es un camino iniciático. No es un conjunto de conocimientos que se adquieren de una vez, sino un proceso gradual de comprensión y transformación. Cada grado abre nuevas perspectivas, pero ningún paso implica una ruptura brusca con el anterior. El crecimiento es cualitativo, no meramente acumulativo.

El Aprendiz no sabe menos que el Compañero o el Maestro por ignorancia esencial, sino porque su trabajo se centra en lo fundamental. Está en el punto donde todo comienza: en la piedra bruta.

El objeto del grado de Aprendiz no es, en primer lugar, adquirir información, sino comenzar un proceso de depuración interior.

En su iniciación contrajo compromisos solemnes. No fueron fórmulas rituales vacías, sino aceptación consciente de una responsabilidad. Conviene releer con frecuencia las admoniciones recibidas aquella noche, porque en ellas está condensado el núcleo de su tarea.

El Aprendiz aprende, ante todo, a callar. El silencio no es marginación; es disciplina. Escuchar es el primer ejercicio de humildad intelectual. En Logia, el silencio le permite observar, captar matices, comprender dinámicas. Aprende más quien escucha con atención que quien habla sin medida.

Pero el silencio no significa pasividad. El Aprendiz debe estudiar, leer, investigar. No limitarse a memorizar respuestas o repetir fórmulas, sino "aprehender", hacer suyo el conocimiento.

Las herramientas de su grado —el mazo y el cincel, la regla de veinticuatro pulgadas, la escuadra— no son objetos decorativos, sino símbolos operativos. Le recuerdan que el trabajo es constante, que el tiempo debe ordenarse con equilibrio y que la rectitud es norma interior.

El verdadero objeto del grado es trabajar sobre sí mismo.

Pulir la piedra bruta no es una metáfora retórica. Significa examinar reacciones, prejuicios, miedos, rigideces. Significa reconocer el plomo interior para comenzar su transmutación.

En este punto convergen muchas de las reflexiones anteriores: libertad de conciencia, superación del fanatismo, vigilancia frente al espejismo de la libertad, cultivo del diálogo. Todas ellas son tareas propias del Aprendiz.

Porque el Aprendiz es, en potencia, un Maestro. No por rango, sino por destino. En él ya está latente aquello que llegará a ser. Pero ese germen necesita tiempo, disciplina y constancia.

El Aprendiz debe asumir una triple responsabilidad.

Primero, aprender para sí mismo. No para acumular datos, sino para transformarse. El conocimiento que no modifica la conducta permanece superficial.

Segundo, prepararse para enseñar algún día. Aunque todavía no instruya formalmente, su ejemplo ya educa. La coherencia es la primera lección que un masón ofrece.

Tercero, contribuir a la construcción común. No se trabaja la piedra para exhibirla, sino para integrarla en el edificio.

Existe un riesgo frecuente en este grado: centrarse exclusivamente en el simbolismo inmediato y olvidar que la Masonería es también historia, tradición, organización viva. El Aprendiz debe conocer no solo las herramientas, sino el contexto en el que opera: ritos, obediencias, normas, procedimientos.

No para burocratizar su aprendizaje, sino para comprender que forma parte de una estructura que trasciende lo individual.

Al mismo tiempo, debe recordar que la Masonería simbólica es adogmática. No existen verdades impuestas que deban aceptarse sin examen. Todo es susceptible de estudio, contraste y reflexión.

El lema ilustrado "Sapere aude" —atrévete a pensar por ti mismo— debería acompañarlo desde el primer día. Pensar no es cuestionar por sistema, sino razonar con honestidad.

La obediencia ritual no implica sumisión intelectual. Implica respeto al método y al orden. Dentro de ese marco, la conciencia debe permanecer activa.

Fuera de Logia, el Aprendiz tampoco debe encerrarse en silencio permanente. Ha de formarse opinión propia, dialogar, contrastar ideas. Su juventud iniciática no lo incapacita para reflexionar. Lo obliga, eso sí, a hacerlo con prudencia y apertura.

El número tres acompaña al Aprendiz desde su entrada. Tres golpes preceden su admisión. Tres años simbolizan su edad iniciática. Tres son las virtudes que debe cultivar con especial esmero: humildad, constancia y búsqueda.

"Pedid, buscad, llamad." No como fórmula religiosa literal, sino como actitud permanente. Pedir conocimiento. Buscar sentido. Llamar a la puerta de la propia conciencia.

El objeto del grado de Aprendiz no es alcanzar la perfección, sino iniciar la transformación. No es dominar el ritual, sino comprender su significado. No es repetir enseñanzas, sino interiorizarlas.

Si al final de su permanencia en este grado ha aprendido a escuchar antes de juzgar, a examinar antes de afirmar, a trabajar antes de exigir, el objetivo estará cumplido.

El Aprendiz no debe obsesionarse con el ascenso de grado. Cada etapa tiene su plenitud propia. El paso siguiente llegará cuando el trabajo interior lo haya preparado.

Mientras tanto, su tarea es sencilla y profunda a la vez: conocerse, depurarse, integrarse.

La piedra bruta no se convierte en cúbica de un solo golpe. El proceso es paciente. Pero cada golpe bien dirigido deja huella.

Y quizá ese sea el verdadero objeto del grado: despertar la voluntad de trabajar sobre uno mismo con perseverancia, sin fanatismo, con libertad interior y en diálogo constante con los demás.

Si esa voluntad permanece viva, el Aprendiz habrá comprendido su misión.

III. Conocimiento y apertura

LA ESCUADRA

Un símbolo de rectitud, equilibrio y despertar interior

El día de su iniciación, el Aprendiz Masón es impactado por un torrente de signos y vivencias que apenas comienza a intuir. Algunos elementos captan su atención inmediata —el mandil, los guantes, la posición al orden—, mientras que otros quedarán depositados en su conciencia como semillas en espera de germinar. Entre estos, la escuadra ocupa un lugar fundamental: omnipresente, silenciosa, profunda.

En el Ara, junto al compás y el Volumen de la Ley Sagrada, se manifiesta como una de las tres grandes luces. Se alza también en el pecho del Venerable Maestro, suspendida de su collar, y se repite en los gestos, las posturas, los pasos y las enseñanzas que el Aprendiz va descubriendo poco a poco, con humildad y asombro. La escuadra no es solo un símbolo entre otros: es, en cierto sentido, el criterio desde el cual se miden todos los demás.

Desde tiempos antiguos, fue instrumento de los constructores, herramienta de quienes levantaban estructuras firmes y duraderas. No es extraño, por tanto, que la masonería especulativa la adoptara como emblema de la equidad, la prudencia y la rectitud. Su ángulo recto de noventa grados no admite ambigüedades: indica con claridad la dirección justa, el límite preciso entre lo que está en pie y lo que puede derrumbarse. Es símbolo de integridad, pero también de equilibrio: sus dos brazos representan la razón y la justicia, la mente y la acción, el pensar y el obrar, en armonía mutua.

Su presencia se hace sentir desde el instante en que el neófito, aún cubierto por el velo del misterio, se arrodilla para prestar juramento. La pierna izquierda forma escuadra con el suelo. El compás se apoya sobre su pecho abierto en ángulo recto. El bastón y la espada, cruzándose sobre él, dibujan también una escuadra. Todo en ese momento lo invita a asumir la rectitud como norma de vida, como punto de partida para el largo camino de su transformación.

En las instrucciones que recibe del Segundo Vigilante, la escuadra aparece una y otra vez. En la forma de estar de pie, con el cuerpo recto y los pies dispuestos en escuadra. En la posición al orden, donde el brazo y la mano adoptan también la forma del ángulo recto. En los pasos que da al avanzar, dejando marcada en el suelo esa misma figura. Nada es casual. Todo está diseñado para recordarle que su trabajo interior debe ser firme, claro, metódico. Que debe medir sus pensamientos y acciones con la misma exactitud con que un cantero mide la piedra.

Y como la piedra, también su alma requiere ser trabajada, pulida, afinada. La escuadra, en este primer grado, se convierte en el patrón al que debe someter su vida entera. Cada acto, cada elección, cada palabra ha de pasar por ese filtro de equidad, prudencia y rectitud que ella representa. No como un yugo impuesto desde fuera, sino como una exigencia nacida del propio deseo de perfección.

El simbolismo de la escuadra no se agota en lo moral. En su disposición sobre el Ara, junto al compás, expresa una verdad profunda: el diálogo entre lo material y lo espiritual. La escuadra señala hacia la tierra; el compás se abre hacia el cielo. La primera representa lo tangible, lo estructurado, lo que puede ser medido. El segundo alude a lo sutil, lo universal, lo que solo puede intuirse. En el grado de Aprendiz, la escuadra domina sobre el compás, indicando que aún predomina en el iniciado la influencia del mundo exterior. Pero esa relación no es estática: conforme el masón avanza en su camino de conocimiento, se modificará la disposición de ambos instrumentos, reflejando su progresiva apertura a las realidades espirituales. Esta evolución simbólica no requiere aquí detalle técnico alguno: basta entender que el equilibrio entre ambos —escuela del alma y arquitectura del espíritu— se despliega a lo largo del camino iniciático.

Oswald Wirth interpreta la escuadra como el equilibrio resultante de la unión de lo activo y lo pasivo. Esta interpretación refuerza la idea de que el iniciado no puede contentarse con la pasividad ni perderse en la acción desordenada. La escuadra le exige discernimiento, firmeza, sentido del límite. Pero también flexibilidad: solo una piedra flexible ante el cincel puede llegar a ser cúbica.

El trabajo de escuadrar la Piedra Bruta, de corregir sus aristas, no es una mera tarea exterior. Es un símbolo del proceso interior por el cual el iniciado va eliminando lo superfluo, lo desordenado, lo desmedido. Y la escuadra no solo mide el resultado, sino que educa la mano y el ojo para que el golpe sea justo, para que el corte respete la armonía del todo.

A lo largo del camino, en cada grado y etapa, la escuadra acompañará al masón como un recordatorio de su vocación de constructor. Y lo hará no solo en el plano ético, sino también en el simbólico: como signo de una edificación interior que aspira a la coherencia entre lo que se cree, se dice y se hace. Como aspiración hacia una vida medida, mesurada, regida por un sentido profundo de la justicia interior.

En última instancia, la escuadra no es solo un instrumento de medición: es una imagen del alma rectificada. Una proyección del ideal de una existencia gobernada por la razón, sí, pero también por la compasión. Porque no hay verdadera rectitud sin humanidad, ni verdadera justicia sin amor.

Para el Aprendiz, entonces, la escuadra no es un objeto externo, sino una guía silenciosa que le enseña a estar de pie, a avanzar con seguridad, a mirar de frente, a no desviarse ni a la derecha ni a la izquierda. Le recuerda que la rectitud no es rigidez, sino alineación con un propósito más alto. Que la medida verdadera no está solo en la herramienta, sino en el corazón que la empuña.

Que así como la escuadra es inflexible en su forma, el iniciado ha de ser firme en sus principios. Pero también receptivo a las enseñanzas que la vida le ofrezca, capaz de revisar su obra, corregir sus errores, y volver, una y otra vez, a aplicar la escuadra sobre su piedra interior.

Porque la vida iniciática no es otra cosa que una permanente labor de alineación entre lo que somos y lo que estamos llamados a ser. Y en esa tarea silenciosa, paciente, persistente… la escuadra es mucho más que un símbolo: es una maestra.

LA PLOMADA

A principios de los años noventa tuve ocasión de visitar el embalse José María de Oriol, más conocido como Presa de Alcántara. Desde fuera, su monumentalidad impone; desde dentro, asombra su silencio, su ligereza, su estructura hueca sostenida únicamente por el peso de su propia masa. Pertenece al tipo de presas de gravedad: no hay anclajes ocultos, ni estructuras forzadas; es su propio peso el que resiste el empuje de las aguas. Lo que me impresionó más, sin embargo, fue el sistema de seguridad basado en plomadas: hilos de acero tensado que descienden verticalmente desde el techo hasta la base, rodeados en su descenso por aros metálicos. Si la presa se desplazara un milímetro por la presión del agua, el hilo rozaría alguno de los aros y saltaría la alarma. La integridad de toda la estructura dependía, en último término, de esa delicada fidelidad a la vertical.

Desde entonces, no puedo pensar en la plomada sin recordar aquello. Ni tampoco puedo mirar la plomada simbólica sin pensar que lo esencial de ella no está tanto en el peso como en el hilo. El nombre francés del instrumento, *fil à plomb*, resalta ese hilo más que el plomo: es su tirantez, su rectitud, su capacidad para mantenerse ecuánime entre cielo y tierra lo que nos guía. El peso es necesario, pero es el hilo el que mide la verdad.

Esa verdad vertical que la plomada simboliza no es rígida, sino viva. El hilo vibra, responde, advierte. Nos revela si la pared está bien construida, no por lo que pesa, sino por su fidelidad a la línea recta que desciende del punto más alto: del principio. En términos simbólicos, podríamos decir que el hilo representa el trayecto del alma, la aspiración del espíritu a mantenerse fiel al eje que une lo alto con lo profundo. Es, por tanto, un símbolo de verticalidad interior, de alineación entre lo que se piensa, lo que se cree, lo que se dice y lo que se hace.

La plomada, bien entendida, es una guía silenciosa para la integridad del ser humano. Nos recuerda que no basta con proclamar principios nobles si nuestra vida cotidiana no refleja esa fidelidad vertical. La rectitud no es un atributo puntual, ni una apariencia: es una tensión permanente entre dos polos —la nuez de la que cuelga el hilo y el plomo que lo tensa—, y esa tensión es lo que permite la coherencia.

Desde esta perspectiva, podemos leer en la plomada un símbolo del alma construida con rectitud. El extremo superior del hilo, donde se encuentra la nuez o el punto de suspensión, representa nuestros principios, nuestros valores más altos. Cuanto más elevada sea esa nuez, más exigente será el alineamiento que nos pide la vida. En el extremo inferior, el plomo representa nuestros actos, nuestras decisiones y nuestra conducta. Lo que da peso a nuestra vida es lo que hacemos en la realidad, lo que materializamos. Si nuestras acciones se separan del eje vertical, si el hilo se curva, si roza los aros, entonces algo se ha desplazado: hemos dejado de estar "a plomo".

Hay en este símbolo una enseñanza profunda: la verticalidad no puede fingirse. El hilo no miente. Uno puede presentarse como justo, recto, íntegro... pero solo si el hilo —la coherencia— se mantiene a igual distancia en todos los planos, se podrá afirmar que su vida está bien edificada. Esa es la diferencia entre la reputación y la verdad, entre el nombre y el ser, entre el título y la realidad interior.

Desde un enfoque más esotérico, la plomada es también símbolo de unidad interior. Su hilo vertical conecta lo superior con lo inferior, lo celeste con lo terrestre. Es el eje del mundo en miniatura, el *axis mundi* que cada ser humano puede encarnar. El hilo representa la línea de tensión entre el espíritu y la materia, entre lo que somos y lo que deseamos ser. Cuanto más alta sea nuestra aspiración, más cuidado hemos de poner en no desviar el hilo. Y cuanto más peso pongamos en nuestras acciones, más estabilidad daremos a esa tensión.

Pero la vida humana no se construye solo en vertical. Vivimos en muchos planos simultáneamente: familiar, social, profesional, íntimo, comunitario, intelectual, espiritual... Y en todos ellos debemos mantener la misma rectitud. El hilo ha de estar a igual distancia de la "pared" en todos los niveles. No puede haber un yo para la vida pública y otro para la vida privada. No hay verticalidad si en lo laboral se es íntegro pero se es injusto en lo afectivo; si se es fraternal en lo ceremonial y despiadado en lo cotidiano. La plomada no permite dobles fondos.

Esta fidelidad constante —en el tiempo y en los planos de existencia— es la que da profundidad simbólica a la plomada. Es un instrumento sencillo, pero nos confronta con la complejidad de ser uno mismo siempre y en todo. Es un espejo de coherencia. Y también una medida: porque nos muestra el grado de desviación, de hipocresía, de olvido de nuestros principios.

Decía Kipling, en su poema "If", que el verdadero equilibrio consiste en mantener la misma actitud ante el triunfo y la derrota, ante el halago y la crítica, ante lo justo y lo incierto. Tal vez sin saberlo —o sabiéndolo muy bien—, nos daba en ese poema una imagen poética de lo que significa vivir "a plomo".

Quien vive conforme a la plomada se convierte, sin decirlo, en testimonio de rectitud. Su vida se vuelve clara, sin dobleces, sin simulaciones. Es entonces cuando el símbolo se encarna, cuando deja de ser herramienta exterior para convertirse en principio vivo. No es que llevemos una plomada: es que somos la plomada.

Y cuando, al final del viaje, miremos el muro invisible que hemos ido levantando día a día con nuestros pensamientos, palabras y obras, solo una cosa importará: si el hilo se mantuvo recto. Si fuimos fieles a la verticalidad que nos constituía.

LA ESCALERA COMO SÍMBOLO ESPIRITUAL Y MASÓNICO

La escalera es uno de los símbolos espirituales más antiguos y universales que han acompañado a la humanidad. Su imagen aparece en múltiples tradiciones y culturas como representación del ascenso y del descenso, del tránsito entre distintos niveles de conciencia y de la búsqueda constante de aquello que se encuentra más allá de lo inmediato. No se trata únicamente de una estructura física: es, sobre todo, una metáfora del camino interior.

Dentro de la Masonería adquiere un significado particular la escalera de caracol. Aunque su representación explícita no siempre aparece de forma evidente en todos los Ritos —y rara vez de manera directa en el Rito Escocés Antiguo y Aceptado—, su presencia simbólica puede intuirse en los escalones que figuran en los Cuadros de Logia del Primer y Segundo Grado, a los que más adelante me referiré.

Mucho antes de su incorporación al simbolismo masónico, la escalera ya formaba parte del imaginario espiritual de distintas civilizaciones. En el antiguo Egipto, por ejemplo, las representaciones del dios Ra ascendiendo por el cielo evocaban una idea semejante: la del alma que se eleva hacia planos superiores. Los egipcios creían que el faraón, tras la muerte, ascendía por una escalera celestial para reunirse con los dioses, y las pirámides, con su forma escalonada, podían interpretarse como una proyección arquitectónica de ese anhelo de ascensión.

En la tradición cristiana encontramos uno de los símbolos más conocidos en el sueño de Jacob narrado en el Génesis. La visión de una escalera que une cielo y tierra, por la que suben y bajan los ángeles, ha sido entendida como la imagen del vínculo entre lo divino y lo humano, y también como la representación del itinerario espiritual que el hombre recorre para acercarse a lo trascendente. Más tarde, en la espiritualidad medieval, San Juan Clímaco desarrolló en LA ESCALERA DEL PARAÍSO la idea de un ascenso gradual hacia la perfección interior, donde cada peldaño simboliza una virtud conquistada.

Otras tradiciones espirituales ofrecen imágenes análogas. El relato islámico del MI'RAJ, la ascensión del profeta Mahoma a través de los siete cielos, refleja un proceso progresivo de aproximación a lo divino. El sufismo describe igualmente un camino ascendente de purificación interior. En la mística judía, la Cábala habla de niveles espirituales que el alma puede recorrer para acercarse al misterio infinito del Ein Sof. Incluso en tradiciones orientales como el hinduismo o el budismo encontramos representaciones simbólicas de ese ascenso interior: la energía kundalini que asciende por los chakras o el sendero gradual hacia la iluminación.

También en las culturas mesoamericanas la arquitectura escalonada de sus pirámides evocaba un recorrido simbólico desde el inframundo hasta los planos celestes. Más allá de las diferencias culturales, todas estas imágenes comparten una intuición común: la existencia humana se concibe como un proceso de transformación gradual.

De manera universal, la escalera representa el viaje del alma a través de distintos niveles de conciencia. En ocasiones, el número de peldaños adquiere significados simbólicos diversos: los siete cielos, las siete virtudes, los siete chakras o las siete artes liberales, según la tradición a la que se aluda.

En Masonería, los peldaños aparecen de forma expresa en los Cuadros de Logia del Primer y Segundo Grado: tres en el primero y cinco en el segundo. Estas escaleras rectas parecen iniciarse en el mundo profano y conducir hacia el Pórtico del Templo, sugiriendo un alejamiento progresivo de lo exterior para dirigirse hacia lo sagrado. El iniciado avanza dejando atrás aquello que ya no le pertenece y orientando su mirada hacia una dimensión más profunda.

La referencia específica a la Escalera de Caracol procede del texto bíblico de Reyes I (6, 8), donde se menciona el acceso al aposento de en medio mediante una escalera de caracol. Este pasaje invita a relacionar el símbolo con el Grado de Compañero y con el ascenso hacia la Cámara del Medio. Su disposición vertical y su ubicación simbólica en el lado derecho del Templo evocan el espacio propio del Compañero, situado a Mediodía, lugar del trabajo y de la luz activa.

Muchas representaciones gráficas han querido atribuir significados concretos a cada peldaño —virtudes teologales, herramientas, órdenes arquitectónicos o artes liberales—. Sin embargo, más allá de esas interpretaciones particulares, la Escalera de Caracol puede comprenderse como una invitación a la perseverancia. El aumento de salario a Segundo Grado implica una llamada a profundizar en la formación intelectual y moral, a regresar una y otra vez sobre los mismos temas desde una comprensión más elevada.

La imagen del caracol resulta especialmente sugerente. A diferencia de la escalera recta, la espiral no avanza en línea directa; gira sobre sí misma mientras asciende. Desde fuera podría parecer que siempre estamos en el mismo lugar, repitiendo los mismos pasos, pero cada vuelta nos sitúa en un nivel distinto. Así ocurre también con el trabajo iniciático:

volvemos sobre las mismas preguntas, sobre los mismos símbolos, y sin embargo nuestra mirada ya no es la misma.

Superar cada peldaño implica un tránsito desde lo terrenal hacia lo espiritual, desde lo inmediato hacia lo profundo, desde la ignorancia hacia una comprensión más amplia. Pero la escalera no solo permite ascender: también invita a descender. En ese movimiento descendente puede leerse una llamada a la humildad y al servicio. Aquello que hemos aprendido en nuestro propio ascenso no nos pertenece en exclusiva; estamos llamados a compartirlo con quienes inician su camino.

Para mí, el símbolo de la Escalera de Caracol marcó un punto de inflexión en la comprensión del trabajo interior. Comprendí que el progreso iniciático no consiste en abandonar lo anterior, sino en integrarlo desde una perspectiva más elevada. Cada vuelta de la espiral es una oportunidad para mirar con nuevos ojos aquello que ya habíamos contemplado.

En definitiva, la escalera, en su esencia, representa la aspiración humana a trascender los límites de la existencia cotidiana y a establecer un puente entre lo visible y lo invisible. Su presencia en tantas tradiciones distintas recuerda que el camino espiritual es, ante todo, un proceso gradual, paciente y constante. Y quizá por ello la Escalera de Caracol siga siendo una imagen viva del itinerario interior: un ascenso que no se separa del mundo, sino que lo transforma desde dentro.

LA MARCHA DEL COMPAÑERO

La idea de marcha o viaje atraviesa la historia de la humanidad como símbolo de transformación. El hombre marcha cuando abandona lo conocido, cuando atraviesa un umbral, cuando se dispone a convertirse en algo distinto de lo que era. Toda iniciación implica movimiento.

En muchas tradiciones, la marcha representa peregrinación, búsqueda, tránsito hacia una tierra prometida o hacia un estado de conciencia más elevado. No es solo desplazamiento físico; es itinerario interior.

En nuestra Orden, las marchas de los tres grados forman parte de ese lenguaje simbólico que no se agota en su descripción externa. Podríamos detallar minuciosamente la posición de los pies o la longitud de cada paso, pero ello no nos acercaría necesariamente a su sentido profundo. La forma es importante; el significado lo es aún más.

La marcha del Aprendiz era prudente, contenida, casi temerosa. El iniciado avanzaba aún con venda en los ojos, en un territorio desconocido. La del Compañero, en cambio, expresa otro momento del camino: ya no se trata solo de recibir luz, sino de buscarla.

El Compañero ha dejado atrás la etapa puramente receptiva. Ahora se espera de él aplicación, estudio, reflexión activa. La marcha simboliza ese dinamismo.

Los pasos que la componen no son arbitrarios. Tradicionalmente se han relacionado con números de fuerte carga simbólica: tres, cinco y siete.

El tres nos remite a la estructura básica de la enseñanza masónica: las tres grandes luces, las tres columnas, las tres virtudes fundamentales. Es número de equilibrio y síntesis.

El cinco, asociado al grado de Compañero, abre la dimensión del conocimiento humano: los cinco sentidos, los cinco órdenes arquitectónicos, los cinco viajes rituales. Es número de experiencia, de expansión, de embellecimiento.

El siete evoca plenitud de saber: las siete artes liberales, que abarcan desde el dominio de la palabra hasta la comprensión de la armonía del cosmos. No se trata de un programa académico cerrado, sino de la invitación a cultivar el espíritu en todas sus dimensiones.

La marcha del Compañero no es simple avance lineal. Es progresión cualificada. Cada paso implica mayor responsabilidad intelectual.

Mientras el Aprendiz trabajaba sobre su piedra bruta, el Compañero comienza a estudiar el edificio en su conjunto. Se interesa por proporciones, armonías, fundamentos. Ya no solo se pule; se comprende.

La dirección del desplazamiento también posee significado. Avanzar hacia Oriente es avanzar hacia la luz. El Oriente no es punto geográfico, sino símbolo del conocimiento que ilumina.

Pero hay en esta marcha un matiz particularmente revelador: los desplazamientos laterales.

El cuarto paso, hacia el Norte, y el quinto, hacia el Sur —siempre orientados hacia el Oriente— simbolizan la libertad de exploración que se concede al Compañero. Ya no camina únicamente en línea recta; puede ampliar su horizonte.

Ese movimiento lateral es profundamente significativo. Indica que el conocimiento no se adquiere de forma rígida o unidireccional. El Compañero está invitado a explorar, comparar, contrastar.

En este grado no existen "índices" de lectura prohibida ni territorios intelectuales vedados. La búsqueda puede abarcar filosofía, ciencia, arte, historia, religión. Solo la prudencia y el discernimiento actúan como límites.

Sin embargo, esa libertad no es dispersión. Tras cada exploración, el Compañero debe "volver a la regla". Es decir, regresar al eje que da sentido a su búsqueda. Sin referencia interior, la expansión se convierte en extravío.

La marcha enseña equilibrio entre apertura y centro.

En este grado se espera que el masón no solo acumule datos, sino que desarrolle criterio. La libertad de investigación debe ir acompañada de rigor y honestidad intelectual.

El Compañero aprende que conocer no es repetir lo aprendido, sino examinarlo críticamente. El estudio no es erudición vacía; es proceso de maduración.

Existe también un componente dinámico importante: la marcha simboliza acción. El conocimiento que no se traduce en conducta permanece incompleto. Pensamiento y acción deben armonizarse.

Caminar implica decisión. Cada paso es acto voluntario. Nadie avanza por inercia ritual; se avanza porque se quiere avanzar.

La marcha del Compañero expresa una transición decisiva: del trabajo interior concentrado en uno mismo a la apertura hacia el mundo.

El Aprendiz aprende a callar y observar. El Compañero aprende a pensar y a expresar. Su palabra comienza a tener mayor presencia. Su responsabilidad crece.

La marcha es también metáfora de ese equilibrio entre teoría y práctica. El Compañero no puede quedarse en la especulación pura, pero tampoco reducir su tarea a acción sin reflexión.

Los movimientos hacia las luces simbolizan búsqueda constante. Pero las exploraciones laterales recuerdan que la verdad no es monocorde. Se encuentra en el contraste, en el diálogo, en el estudio comparado.

La Estrella Flamígera aparece en este grado como referencia luminosa. Pero no debe entenderse como meta definitiva. Es señal de inicio de una etapa más exigente.

El camino iniciático no concluye con un ascenso formal. Cada grado es puerta hacia nuevas responsabilidades.

Personalmente concibo la marcha del Compañero como itinerario que no se agota. Como el viaje hacia Ítaca del que hablaba Kavafis, importa más el trayecto que la llegada. La riqueza está en lo aprendido durante el camino.

Marchar implica asumir que el conocimiento es proceso, no posesión.

El Compañero no es aún Maestro, pero ya no es únicamente Aprendiz. Se encuentra en ese punto intermedio donde la curiosidad debe convertirse en estudio sistemático y la intuición en reflexión estructurada.

Si la marcha del Aprendiz simbolizaba el despertar, la del Compañero simboliza la búsqueda consciente.

Y esa búsqueda no termina.

Mientras exista deseo sincero de comprender, mientras la exploración lateral no nos haga perder el eje, mientras el Oriente siga siendo horizonte de luz, la marcha continuará.

Porque el verdadero viaje no es el de los pies, sino el del entendimiento.

LOS VIAJES DEL COMPAÑERO MASÓN

Exploración simbólica y despertar de la conciencia interior

Viajar ha sido siempre metáfora de aprendizaje. Desde la Antigüedad, el viaje representa transformación: dejar atrás lo conocido para adentrarse en lo nuevo, lo incierto, lo revelador. No es casual que grandes pensadores hayan relacionado viajar con un modo de ver diferente, más amplio y profundo: Twain, Miller, Lao Tsé... todos coinciden en que el viaje auténtico no busca destino, sino despertar.

En la historia de la humanidad abundan los relatos de quienes, al abandonar su lugar de origen, se sumergen en trayectos de descubrimiento: Moisés, Abraham, Jesús, Mahoma, Herodoto, Marco Polo... Pero también existen otros viajeros, menos visibles, que recorren distancias interiores sin moverse del lugar. Su travesía se adentra en las galerías del alma, sin mapas ni brújulas, con la introspección como guía. Son viajes iniciáticos. Y es precisamente ese el carácter de los viajes simbólicos del Compañero Masón.

El grado de Compañero nace con un impulso claro: fomentar el estudio, el conocimiento, el cultivo de la mente. La divisa ilustrada del "*Sapere Aude*" (atrévete a saber) marca el espíritu de este momento del camino iniciático. Ya no basta con la obediencia y el silencio del Aprendiz. El Compañero debe usar su entendimiento, asumir responsabilidades y comprometerse con su propio crecimiento.

Kant definía la Ilustración como la "*salida del hombre de su minoría de edad*", es decir, del estado en el que necesita ser guiado. El Compañero, con su edad simbólica de cinco años, ha dejado atrás la tutela del Aprendiz y accede a una etapa de autonomía intelectual y moral. Su mirada se vuelve más crítica, su búsqueda más exigente, su trabajo más refinado.

Es entonces cuando se le propone realizar los cinco viajes. No son recorridos espaciales. Son más bien pruebas simbólicas, umbrales que cruzar en su camino interior. Cada viaje exige atención, entrega y valor. Porque en ellos se ocultan verdades que, de ser comprendidas, transforman al que las atraviesa.

En mi experiencia, estos viajes rituales constituyen una de las vivencias más potentes que haya vivido como Masón. Son breves en tiempo, pero de una intensidad que deja huella. En cada etapa se recibe una herramienta, un símbolo, una clave. Y aunque en el momento pueda no comprenderse todo su sentido, con el paso del tiempo, el estudio y el trabajo personal, su luz se va desplegando.

Desde el inicio, con la regla de 24 divisiones sobre el hombro, el Aprendiz es introducido por el V.·. M.·. a la Logia. No lleva armas ni escudos: solo un instrumento de medición, símbolo de disciplina, orden y rectitud moral. Tras su marcha ritual, se instala en la Columna del Norte, desde donde realizará sus viajes hacia la luz, en sentido dextrógiro, como el curso del sol, pasando de la oscuridad a la claridad.

Cada uno de estos viajes representa una lección. El primero, una toma de conciencia sensorial. El segundo, el reconocimiento del arte y la belleza que debe despertar en el alma. El tercero, la importancia de instruirse. El cuarto, la superación del materialismo. Y el quinto, la soledad del trabajo profundo, de quien, sin compañía, busca al Maestro interior.

En cada uno de ellos se entrega una herramienta simbólica, un símbolo que se revelará solo a quien esté dispuesto a cuestionarse, a trabajar, a romper sus propias resistencias. No son solo objetos rituales: son llaves para abrir puertas interiores, para examinar las zonas oscuras del alma y dar forma a lo más noble de uno mismo.

Es difícil no estremecerse al comprender lo que cada uno de estos viajes encierra. Por más que muchos símbolos puedan resultarnos familiares, algo cambia en su lectura cuando se los aborda desde la vivencia iniciática. Es como ese sonido grave que uno nunca había percibido en una pieza musical, pero que de pronto se revela como el verdadero sostén de la armonía.

La transformación es real. Sobre la mesa de trabajo del Compañero se percibe una luz más clara. No se trata de una iluminación mística o fantástica, sino de una comprensión más precisa, de una mirada más aguda. Lo que antes parecía confuso, ahora comienza a perfilarse. Los símbolos del Cuadro de Logia se abren como un libro lleno de sentido. La escuadra ya no es solo una forma: es una guía para ajustar nuestras acciones. La palanca no solo desplaza: también enseña a aplicar la fuerza con inteligencia. Cada detalle adquiere profundidad.

Este proceso no se vive igual en todas partes. Algunas Obediencias han optado por conservar en sus Cuadros de Logia de Compañero el enrejado de las ventanas, símbolo de la luz filtrada, tamizada. Otras, como ocurre en Francia, las representan abiertas, dejando que entre más claridad. Esta diferencia plástica traduce una diferencia simbólica: la luz que recibe el Compañero debe ser mayor, más nítida, más directa.

Porque en esta nueva etapa no basta con tallar la piedra: hay que comprender la armonía de la obra. Saber dónde colocar cada pieza, cómo integrarla en el edificio colectivo. La labor del Compañero ya no es solo individual. Es también fraterna, universal, trascendente.

Los cinco viajes son, en el fondo, una metáfora del despertar. Un canto al esfuerzo por emerger del caos, por encontrar sentido, por ordenar el mundo interior. Y todo ello para despertar al Maestro que yace latente en el fondo de cada uno de nosotros.

Ese despertar no es mágico. Requiere voluntad, constancia y humildad. Y también la valentía de regresar, como Ulises, para terminar de purificar lo que aún impide el paso definitivo. Hay sombras, costumbres y errores que deben ser revisados antes de continuar.

La Estrella Flamígera espera. Con su luz potente e inasible, nos recuerda que la verdadera sabiduría es siempre trascendente. La letra G que guarda en su centro interroga, interpela, convoca. Es Geometría, pero también Genio, Generación, Gnosis y GADU. Cada uno de esos sentidos resume una etapa del camino. Un reflejo del Maestro interior en formación.

Los viajes del Compañero son eso: la cartografía de una transformación. Una invitación a mirar hacia dentro. A cultivar la mirada. A construirnos como piedras útiles, conscientes y luminosas.

Solo quien ha viajado al fondo de sí mismo puede levantar con verdad el edificio de la humanidad.

SAPERE AUDE, SAPERE DICERE

El viejo adagio de Horacio —*Sapere aude*— ha atravesado los siglos como invitación a la valentía intelectual. Su traducción más conocida, "atrévete a pensar", resume bien su espíritu. Pero el verbo *sapere* encierra matices más ricos: saborear, discernir, juzgar con prudencia.

Fue Immanuel Kant quien dio al lema una dimensión decisiva al colocarlo en el umbral de su ensayo sobre la Ilustración. Para él, la mayoría de edad del hombre consistía en abandonar la tutela ajena y atreverse a usar la propia razón. No es la falta de inteligencia lo que mantiene al hombre en minoría de edad, decía Kant, sino la falta de decisión.

Pensar por uno mismo exige coraje.

En el grado de Compañero, esta exhortación adquiere especial relevancia. Si el Aprendiz aprende a escuchar y a observar, el Compañero está llamado a reflexionar con autonomía. Ya no basta recibir enseñanzas; es preciso elaborarlas.

He querido añadir a ese *Sapere aude* una prolongación natural: *Sapere dicere* —atreverse a decirlo.

Pensar sin expresar puede convertirse en ejercicio estéril. La palabra es instrumento de contraste, afinación y crecimiento. El pensamiento que no se expone corre el riesgo de endurecerse o de permanecer incompleto.

Pero la expresión también exige responsabilidad.

En mi trayectoria personal he manifestado cierta inclinación iconoclasta. Entiendo por ello no una negación sistemática de toda autoridad, sino una actitud crítica frente a la idea de que algo sea incuestionable por el mero hecho de estar establecido.

Las normas, las tradiciones, las costumbres —también las masónicas— han sido formuladas por hombres en contextos históricos concretos. No son realidades metafísicas inmutables. Pueden ser revisadas, perfeccionadas o adaptadas mediante los procedimientos adecuados.

Reconocer esta posibilidad no implica deslealtad; implica madurez.

Ahora bien, el ejercicio crítico no debe confundirse con rebeldía irreflexiva. El Compañero no está llamado a destruir por sistema, sino a comprender antes de juzgar.

Existe una diferencia entre cuestionar con ánimo constructivo y oponerse por impulso.

Muchas veces el silencio no nace de la prudencia, sino del temor. Temor al juicio ajeno, a la desaprobación del grupo, a la pérdida de aceptación. El deseo de pertenencia puede conducir a la inhibición intelectual.

Es comprensible. El ser humano es social por naturaleza. Pero el precio de la integración no puede ser la renuncia a la conciencia.

En otros casos, el silencio procede de inseguridad. Pensamos algo, pero dudamos de la solidez de nuestro argumento. Preferimos callar antes que exponernos a la crítica.

Sin embargo, el contraste respetuoso fortalece. La discrepancia bien planteada no desintegra el Taller; lo enriquece.

La Logia debería ser espacio de entrenamiento en asertividad serena. Aquí la palabra se pide y se concede. Aquí el respeto ritual ofrece marco seguro para el intercambio. Si no somos capaces de expresar nuestras ideas en este ámbito fraternal, difícilmente podremos hacerlo en otros más ásperos.

Pensar por uno mismo no significa ignorar lo estudiado. Al contrario: exige estudio. La lectura es alimento; la reflexión es digestión. Las ideas ajenas deben convertirse en pensamiento propio mediante examen y reelaboración.

El Compañero aprende que no existen dogmas incuestionables en el ámbito simbólico. Las interpretaciones pueden contrastarse, ampliarse, matizarse. La tradición no es museo inmóvil, sino corriente viva.

Pero junto a la valentía intelectual debe caminar la humildad. Atreverse a decir implica también aceptar ser rebatido. La palabra propia no es definitiva; es provisional.

Aquí el método dialéctico resulta iluminador: tesis, antítesis y síntesis. Formular una idea, someterla a contraste, depurarla. Este proceso no debilita el pensamiento; lo afina.

Quien mantiene hoy exactamente las mismas convicciones que ayer sin haberlas revisado quizá no haya crecido. La evolución intelectual no es traición a uno mismo; es fidelidad a la búsqueda.

El riesgo opuesto también existe: confundir libertad de pensamiento con arbitrariedad. No todo juicio espontáneo es reflexión elaborada. El Compañero debe aprender a distinguir entre ocurrencia y convicción fundada.

Por eso el estudio sistemático es esencial en este grado. Las artes liberales, evocadas simbólicamente, no son simple ornamentación cultural. Son invitación a estructurar el pensamiento.

Sapere aude exige conocimiento. *Sapere dicere* exige responsabilidad.

No se trata de hablar por hablar, ni de convertir cada discrepancia en batalla. Se trata de ejercer la palabra como instrumento de construcción.

La autoridad, en cualquier ámbito, merece respeto. Pero el respeto no implica infalibilidad. Reconocer que todos podemos equivocarnos no debilita la institución; la humaniza.

El Compañero está llamado a cultivar criterio propio, pero también a expresar ese criterio con mesura. La firmeza no requiere estridencia. La claridad no necesita agresividad.

He comprendido que la verdadera valentía intelectual no consiste en oponerse siempre, sino en intervenir cuando la conciencia lo exige. Callar cuando corresponde también es forma de sabiduría.

Pensar por uno mismo es acto interior. Decir lo pensado es acto social. Entre ambos debe existir coherencia.

Si la Logia es espacio de búsqueda de verdad, esa verdad no puede imponerse; debe elaborarse en común. Y esa elaboración requiere palabra.

El Compañero no puede limitarse a asentir. Tampoco a disentir sistemáticamente. Debe aprender a argumentar.

Argumentar no es vencer, sino clarificar.

Cuando la palabra circula con respeto, la construcción avanza. Cuando el silencio nace del miedo, la construcción se estanca.

Por eso considero que el binomio *Sapere aude, sapere dicere* resume bien la responsabilidad del grado: pensar con autonomía y expresar con valentía serena.

No para imponer, sino para contribuir.

ÉTICA Y ESTÉTICA:
BASES PARA LA KALOKAGATHIA

En el tránsito del grado de Aprendiz al de Compañero se produce un desplazamiento significativo: del trabajo interior concentrado en la propia piedra se pasa a la comprensión del edificio en su conjunto. Ya no basta con pulir; es preciso entender proporciones, armonías, coherencias. En ese contexto adquieren especial relevancia dos dimensiones inseparables de la experiencia humana: la ética y la estética.

Ambas nacen en el pensamiento griego como intentos de comprender la acción y la percepción humanas. La ética se ocupa de la conducta, del bien, del deber; la estética, de la belleza, de la armonía, de la forma. Durante siglos han sido tratadas como disciplinas diferenciadas, pero la experiencia muestra que rara vez actúan por separado.

Podríamos simplificar diciendo que la ética responde a la pregunta "¿qué es lo correcto?" y la estética a "¿qué es lo bello?". Sin embargo, en la vida real ambas preguntas se entrecruzan constantemente. La conducta humana no solo debe ser correcta; también puede ser armoniosa o desarmónica, elegante o burda, coherente o contradictoria.

En ocasiones se confunden ética y moral. La moral alude al conjunto de normas y valores asumidos por una comunidad o tradición concreta; la ética implica la reflexión crítica sobre esos valores y su aplicación consciente. La moral puede heredarse; la ética ha de elaborarse.

El Compañero no está llamado a repetir códigos morales sin examen, sino a reflexionar sobre ellos. Esa reflexión es ejercicio de libertad responsable.

La estética, por su parte, no se limita al arte ni a la belleza física. Tiene que ver con la forma en que se manifiesta lo interior. Una acción puede ser moralmente correcta y, sin embargo, ejecutarse con torpeza o desconsideración. Del mismo modo, puede presentarse externamente con gran elegancia algo que interiormente carece de rectitud.

Aquí surge la tensión que tantas veces observamos en la vida cotidiana: proclamaciones solemnes de valores que no encuentran correspondencia en la práctica. Se exponen principios con brillantez retórica, pero la conducta diaria los contradice.

Esa disociación entre apariencia y realidad es fractura entre estética y ética.

El masón, y particularmente el Compañero, debería aspirar a la coherencia. No basta con hablar de justicia; es preciso actuar justamente. No basta invocar fraternidad; hay que vivirla. No basta defender libertad; hay que respetarla incluso cuando incomoda.

La coherencia es el punto de equilibrio entre lo que se proclama y lo que se practica. Es el nivel que impide que la balanza se incline hacia la hipocresía.

En la antigua Grecia existía un ideal que sintetizaba esta armonía: la *kalokagathia*, unión de lo bello (*kalos*) y lo bueno (*agathos*). El ciudadano ideal no era solo virtuoso en sentido moral; también manifestaba armonía, equilibrio, dignidad en su porte y en su actuar.

No se trataba de estética superficial, sino de correspondencia entre interior y exterior.

Trasladado a nuestro trabajo iniciático, este ideal sugiere que la rectitud ética debe traducirse en belleza de conducta. Belleza entendida como medida justa, como elegancia moral, como equilibrio.

La Sagrada Geometría —que abordaremos en otra plancha— nos enseña que la belleza surge de la proporción. Del mismo modo, la vida ética encuentra su estética cuando existe proporción entre principios y acciones.

En la sociedad contemporánea abundan ejemplos de ruptura entre ambas dimensiones. Se proclama igualdad, pero se buscan privilegios; se invoca justicia, pero se toleran pequeñas injusticias cuando benefician; se ensalza la honestidad, pero se justifican excepciones personales.

Estas fracturas erosionan la credibilidad.

El Compañero, en su etapa de apertura intelectual, debe vigilar especialmente esta coherencia. Ya no puede refugiarse en la ingenuidad del Aprendiz. Ha adquirido herramientas para analizar y para expresarse. Su responsabilidad aumenta.

Ética sin estética puede volverse áspera, rígida, carente de sensibilidad. Estética sin ética se convierte en simulacro, en máscara bien diseñada que oculta vacío interior.

La verdadera *kalokagathia* exige integración.

No se trata de cultivar una imagen cuidada mientras se descuida la integridad, ni de descuidar las formas bajo el pretexto de sinceridad. La forma es también contenido. El modo en que hablamos, en que discrepamos, en que corregimos, expresa nuestro fondo moral.

En Logia, esta armonía se aprende progresivamente. El respeto ritual, la palabra medida, la disposición ordenada del espacio no son mero ceremonialismo; son pedagogía estética al servicio de la ética.

Cuando la conducta interior es recta, la forma tiende a armonizarse. Cuando existe fractura interior, la forma se vuelve artificio.

La *kalokagathia* no es ideal estético vacío, sino meta de integración personal. Significa que la virtud no solo se posea, sino que se perciba en el comportamiento cotidiano. Que haya correspondencia entre lo que se piensa, lo que se dice y lo que se hace.

Esta integración requiere trabajo constante. No se alcanza de una vez. Implica examen interior, vigilancia de motivaciones, revisión de incoherencias.

También exige humildad. Nadie alcanza equilibrio perfecto. Pero aspirar a él orienta la conducta.

El ideal masónico no puede reducirse a acumulación de conocimientos simbólicos. Debe traducirse en armonía de vida. El Compañero no es únicamente estudioso; es constructor consciente.

Si el Aprendiz trabaja su piedra bruta, el Compañero aprende a colocarla en proporción dentro del edificio común. Y esa proporción no es solo técnica; es ética y estética.

Recuperar el espíritu de la *kalokagathia* en nuestra vida cotidiana significaría aspirar a ser personas cuya presencia inspire confianza, cuya palabra sea congruente con su acción y cuya conducta refleje equilibrio.

No se trata de buscar perfección externa, sino coherencia interior que se manifieste con naturalidad.

Cuando lo bueno se expresa con belleza y lo bello se fundamenta en bondad, la construcción avanza con solidez.

Ese equilibrio debería ser horizonte del Compañero en su camino hacia la Maestría.

RETÓRICA: CONVENCER, PERSUADIR, ENSEÑAR O COMPARTIR

A lo largo de mi vida profesional tuve ocasión de pronunciar numerosas conferencias y charlas en ámbitos muy diversos. Antes de cada intervención me preguntaba siempre quiénes serían mis oyentes, cuál sería su disposición y si lograría establecer con ellos una comunicación real. Sabía por experiencia que, si en los primeros minutos no se generaba atención, el mensaje difícilmente arraigaría. La palabra exige conexión.

Esa experiencia práctica me ha permitido comprender mejor el sentido simbólico de la Retórica, una de las siete artes liberales que el Compañero contempla en su Tercer Viaje. No se trata de un adorno académico. Forma parte del itinerario formativo del grado.

En la tradición clásica, Aristóteles analizó la retórica como arte de la persuasión e identificó tres dimensiones fundamentales del discurso: el *ethos*, el *pathos* y el *logos*, a las que más tarde se añadió el *kairós*, el momento oportuno. Estas categorías siguen siendo útiles para comprender el poder de la palabra.

El *ethos* alude a la credibilidad del orador. No persuade quien habla mucho, sino quien transmite integridad. La autoridad auténtica no se impone; se construye mediante coherencia entre lo que se dice y lo que se vive.

El *pathos* reconoce la dimensión emocional del discurso. El ser humano no decide solo con argumentos racionales; también intervienen afectos, temores y esperanzas. La apelación a la emoción no es ilegítima en sí misma; se vuelve problemática cuando se utiliza para manipular.

El *logos* remite a la estructura racional del argumento. Un discurso sin fundamento lógico es pura retórica vacía. La claridad, la coherencia y la evidencia fortalecen la palabra.

El *kairós*, por último, recuerda que todo mensaje depende del contexto. No toda verdad puede decirse en cualquier momento ni de cualquier modo. La oportunidad es parte de la sabiduría.

Estos elementos muestran que la palabra no es neutra. Tiene poder de influir, orientar y mover voluntades. Y aquí surge una cuestión esencial para el Compañero: ¿con qué intención utilizamos ese poder?

La retórica puede servir para convencer, persuadir, enseñar o compartir. Las diferencias entre estos verbos no son meramente semánticas; implican actitudes distintas.

Convencer significa lograr que alguien adopte una creencia determinada. Persuadir implica influir en las actitudes o decisiones del otro. Ambas acciones no son intrínsecamente negativas, pero conllevan riesgo de instrumentalización si el objetivo es imponer la propia posición.

Enseñar supone transmitir conocimiento con intención formativa. Compartir, en cambio, implica ofrecer experiencia y reflexión sin pretensión de dominio.

En el ámbito masónico, esta distinción resulta decisiva. La Logia no es tribuna política ni espacio de captación ideológica. No estamos llamados a convencer ni a persuadir en sentido competitivo. Nuestro trabajo es más sutil.

Cuando exponemos una plancha, no deberíamos aspirar a que los demás adopten nuestra interpretación, sino a que la contrasten. La finalidad no es la adhesión automática, sino el enriquecimiento mutuo.

En la Instrucción del Aprendiz se subraya que se acude a la Logia para progresar y se aporta benevolencia. Esa benevolencia debería impregnar también el uso de la palabra.

La retórica masónica no puede basarse en la manipulación emocional ni en el artificio brillante vacío de contenido. Debe apoyarse en la autenticidad. El *ethos* del masón —su coherencia— es la base de cualquier discurso.

He observado que los discursos más eficaces no son necesariamente los más elaborados técnicamente, sino los más sinceros. La experiencia compartida con honestidad produce mayor impacto que la exhibición de erudición.

En el grado de Compañero, la palabra adquiere mayor protagonismo que en el de Aprendiz. Ya no se guarda silencio prolongado; se interviene. Pero intervenir no es imponerse. Es contribuir.

La retórica, entendida como arte noble de la palabra, exige disciplina. No basta hablar; es preciso ordenar el pensamiento. Las artes liberales evocan precisamente esa formación integral que une claridad gramatical, solidez lógica y sensibilidad estética.

La palabra mal utilizada puede dividir; bien utilizada, edifica.

En nuestra época, donde la comunicación se ha vuelto instantánea y a menudo superficial, el riesgo de confundir rapidez con profundidad es constante. Se opina antes de reflexionar, se afirma antes de examinar. El Compañero debe resistir esa tendencia.

El estudio de la retórica debería enseñarnos a distinguir entre argumentación sólida y mero efectismo. El brillo sin fundamento es estética sin ética.

En coherencia con lo que reflexionábamos sobre la *kalokagathia*, la palabra debe ser buena y bella a la vez: fundada en verdad y expresada con mesura.

Quizá la pregunta más honesta que debamos hacernos antes de intervenir sea esta: ¿para qué hablo? ¿Para demostrar, para vencer, para destacar? ¿O para aportar?

La diferencia no siempre es visible desde fuera, pero sí desde la conciencia.

Convencer puede generar adhesión momentánea. Persuadir puede modificar conductas. Enseñar puede ampliar conocimientos. Pero compartir transforma de manera más profunda, porque no obliga; invita.

Compartir supone exponerse también a ser transformado por la respuesta del otro. No es monólogo; es diálogo.

La palabra en Logia debe orientarse principalmente a enseñar y, sobre todo, a compartir. Enseñar lo que se ha estudiado, sí; pero compartir lo que se ha vivido y reflexionado.

La experiencia personal, cuando se ofrece con humildad, adquiere fuerza singular. No busca imponer; busca iluminar.

El Compañero que domina la palabra sin dominar su intención puede convertirse en hábil manipulador. El que cultiva intención recta aunque su elocuencia sea limitada contribuye auténticamente a la construcción.

Por eso la retórica, más que técnica, es responsabilidad ética.

Si hablamos para crecer juntos, la palabra será instrumento de armonía. Si hablamos para prevalecer, se convertirá en arma.

La Logia debería ser escuela de palabra consciente, donde cada intervención responda a un propósito constructivo y donde la escucha tenga tanto valor como la exposición.

En definitiva, el estudio de la retórica en el grado de Compañero no tiene por objeto formar oradores brillantes, sino constructores responsables de discurso. La diferencia es sustancial.

Porque se enseña lo que se sabe, pero se comparte lo que se ha interiorizado.

Y solo lo interiorizado transforma.

LA LIBERTAD EN EL HOMBRE LIBRE

¿Es libre el hombre? La pregunta parece sencilla, pero atraviesa toda la historia del pensamiento. Más aún: atraviesa la experiencia cotidiana. Creemos elegir, creemos decidir, creemos actuar conforme a nuestra voluntad. Pero cuando examinamos con detenimiento nuestras motivaciones, descubrimos condicionamientos de muy diversa índole.

Quizá la cuestión no sea si somos absolutamente libres —porque probablemente no lo seamos— sino qué entendemos por libertad y cuál de sus dimensiones resulta esencial.

Podemos hablar de libertad de acción, de pensamiento, de conciencia o de conciencia de libertad. No todas poseen la misma profundidad. La libertad de acción depende de circunstancias externas; la de pensamiento y conciencia remiten a una esfera más íntima. Pero incluso estas pueden verse moduladas por educación, cultura, tradición o pertenencia a colectivos.

El Compañero, en su etapa de apertura intelectual, no puede eludir esta reflexión. Si el Aprendiz se enfrentaba a sus propias sombras, el Compañero debe enfrentarse a sus condicionamientos.

La historia de la filosofía ha oscilado entre diversas posiciones. Algunos pensadores han considerado que el hombre posee un margen real de libertad, aunque condicionado por su conocimiento o ignorancia. Otros han subrayado la influencia del destino, de la providencia o de estructuras sociales que limitan la autonomía individual.

Más allá de las escuelas, la experiencia muestra que nuestra libertad nunca es absoluta. Estamos influidos por necesidades materiales, expectativas familiares, presiones profesionales, creencias heredadas, códigos morales asumidos sin examen.

Incluso en contextos políticos que se autodenominan plenamente democráticos, la libertad suele moverse dentro de marcos previamente establecidos. Podemos elegir entre opciones disponibles, pero no siempre decidimos las opciones mismas.

En este sentido, la libertad externa puede convertirse en apariencia si no va acompañada de conciencia crítica.

He llegado a la convicción de que, si hubiera que elegir una sola facultad esencial, la más valiosa sería la conciencia de libertad. Saber que podemos examinar nuestros condicionamientos y decidir cómo situarnos frente a ellos.

Puede que no podamos eliminar todas las limitaciones externas, pero sí podemos interrogarlas.

Las creencias religiosas o ideológicas, por ejemplo, pueden ofrecer orientación moral, pero también pueden convertirse en marcos rígidos si no se someten a reflexión personal. La pertenencia a un colectivo puede proporcionar identidad y apoyo, pero también generar presión implícita para pensar o actuar de determinada manera.

El hombre integrado en un grupo suele aceptar límites voluntariamente. El problema surge cuando esos límites dejan de ser conscientes y se convierten en restricciones asumidas por inercia.

Existen también arquetipos culturales, no siempre explícitos, que determinan lo que se considera correcto, aceptable o "bien visto". No es necesario que algo esté prohibido para que se evite; basta con que genere desaprobación social.

En este punto, la libertad de expresión adquiere especial relevancia. No basta con que formalmente esté reconocida. Debe poder ejercerse sin temor a represalias simbólicas, exclusiones veladas o descalificaciones sistemáticas.

Ahora bien, la libertad de expresión tampoco es licencia para la agresión. El ejercicio responsable de la palabra exige respeto al contexto y a los demás. Interrumpir, ofender o descalificar no es expresión libre; es abuso.

El Compañero debe aprender a distinguir entre libertad auténtica y reacción impulsiva. No todo lo que se siente debe expresarse sin medida. La libertad madura implica discernimiento.

También implica aceptar que otros poseen la misma libertad.

En la vida masónica esta cuestión adquiere matiz particular. La Orden se define como asociación de hombres libres. Pero esa libertad no es anarquía; está encuadrada por método, ritual y compromiso.

Ingresar en un colectivo supone aceptar normas. Esa aceptación puede ser voluntaria y consciente. El conflicto aparece cuando la norma se vive como imposición incompatible con la propia conciencia.

En tales casos, la integridad personal exige reflexión serena. Permanecer en un colectivo renunciando a convicciones profundas genera fractura interior. Pero abandonar precipitadamente sin intentar comprender también puede ser gesto irreflexivo.

La libertad no consiste en ausencia de vínculos, sino en capacidad de asumirlos conscientemente.

La verdadera libertad del hombre libre no es la posibilidad de hacer cualquier cosa, sino la facultad de actuar conforme a convicciones examinadas. No es independencia absoluta, sino autonomía responsable.

El estoicismo antiguo recordaba que, aunque no podamos controlar los acontecimientos externos, sí podemos decidir nuestra actitud frente a ellos. Esta enseñanza conserva vigencia: la libertad interior es más resistente que la exterior.

Cuando reflexiono sobre mis propias decisiones, descubro cuánto influyen en ellas factores que no siempre advierto: educación temprana, expectativas sociales, experiencias previas. Reconocer esos condicionamientos no anula la libertad; la hace más consciente.

Quizá nunca seamos absolutamente libres en sentido metafísico. Pero podemos aspirar a ser cada vez más lúcidos respecto a nuestras limitaciones.

El hombre verdaderamente libre no es el que carece de condicionamientos, sino el que los identifica y decide cómo relacionarse con ellos. No es el que actúa sin reglas, sino el que asume reglas coherentes con su conciencia.

En el grado de Compañero, esta reflexión prepara el tránsito hacia mayor responsabilidad. La libertad sin conocimiento es ingenua; el conocimiento sin libertad es servidumbre.

Ser hombre libre significa ejercer pensamiento crítico, expresión responsable y coherencia personal, aun sabiendo que siempre existirán marcos que condicionen nuestra acción.

La conciencia de libertad es el primer paso. El ejercicio responsable de esa libertad es el siguiente.

Entre ambos se construye el verdadero espacio de autonomía.

LAS HERRAMIENTAS DEL COMPAÑERO MASÓN

El tránsito del Aprendiz al grado de Compañero no supone abandono de lo aprendido, sino ampliación y profundización. Las herramientas que acompañan al recipiendario en sus viajes no son meros objetos simbólicos; constituyen etapas de una pedagogía progresiva que le recuerdan que la construcción no se detiene.

Tres de esas herramientas le resultan familiares: el mazo, el cincel y la regla. Las otras tres —compás, palanca y escuadra— amplían el horizonte de su trabajo. Todas, en conjunto, configuran un programa ético e intelectual.

El Compañero entra en Cámara portando la Regla de 24 divisiones. Desde el grado anterior la conocía como instrumento de medida y distribución del tiempo. Pero ahora su significado se ensancha. La regla es línea recta, proporción, coherencia. Si con ella no puede trazarse rectitud, es porque algo se ha torcido.

Con el paso del tiempo he comprendido que la regla simboliza, sobre todo, la coherencia entre pensamiento, palabra y acción. No basta distribuir bien las horas del día; es preciso que lo que se proclama encuentre correspondencia en lo que se practica. La regla permanece en los viajes siguientes porque esa coherencia debe acompañar toda la vida masónica.

El mazo y el cincel, que el Compañero vuelve a empuñar en su primer viaje, evocan el trabajo inicial sobre la piedra bruta. El mazo representa la voluntad, la energía transformadora; el cincel, el discernimiento que orienta el golpe. Sin voluntad no hay transformación; sin discernimiento, la fuerza se vuelve destructiva.

Este binomio enseña que el impulso debe estar guiado por reflexión. No se trata de golpear indiscriminadamente, sino de identificar con precisión aquello que necesita ser modelado. El trabajo interior no concluye con el paso de grado; se hace más consciente.

El Compás introduce una dimensión nueva. Si la regla trazaba líneas rectas, el compás dibuja círculos. Marca límites. Define espacios. Simboliza prudencia y mesura.

Al trazar un círculo, uno de sus pies permanece fijo en el centro mientras el otro delimita el perímetro. Ese punto central puede entenderse como el propio masón: su conciencia, su identidad. La circunferencia representa el ámbito de su acción y de sus relaciones.

El espacio que separa el centro del perímetro es la distancia justa entre uno mismo y los demás. Ni invasión ni aislamiento. El compás recuerda que la libertad personal encuentra límite en el respeto al espacio ajeno. Del mismo modo, señala que no debemos permitir que otros invadan nuestro ámbito interior.

Además, el círculo simboliza integridad. Nada queda fuera; todo se articula en torno a un centro. El Compañero aprende así que su vida debe estructurarse alrededor de principios estables.

La Palanca, que aparece en el tercer viaje, introduce la inteligencia aplicada. No basta con fuerza de voluntad. La palanca enseña que incluso el obstáculo más pesado puede moverse si se encuentra el punto de apoyo adecuado.

Ese punto de apoyo —el fulcro— no siempre es visible. Requiere observación y cálculo. La enseñanza es clara: la inteligencia estratégica vale más que el esfuerzo ciego. La perseverancia sin método agota; la inteligencia bien aplicada transforma.

La Palanca invita al Compañero a buscar síntesis, a relacionar conocimientos, a comprender que el poder no reside en la acumulación de datos sino en su articulación coherente.

Finalmente, la Escuadra corona este conjunto simbólico. Presente desde la iniciación, adquiere ahora carácter de herramienta personal. El ángulo recto evoca rectitud y justicia. Sus dos brazos, distintos pero complementarios, sugieren equilibrio entre razón y equidad.

La Escuadra no admite desviaciones. Su ángulo no se altera sin perder esencia. Así también la conducta del Compañero debe orientarse hacia la equidad constante.

He llegado a considerar que la Escuadra no solo mide acciones exteriores, sino intenciones. Aplicarla a uno mismo exige examinar motivaciones ocultas, corregir desviaciones sutiles y aceptar que la perfección geométrica es ideal regulador más que realidad alcanzada.

Si observamos el conjunto de herramientas, descubrimos una secuencia pedagógica coherente: la Regla ordena; el Mazo y el Cincel transforman; el Compás delimita; la Palanca optimiza; la Escuadra rectifica.

Todas convergen en un mismo objetivo: formar un hombre equilibrado, consciente y responsable.

El Compañero no es ya el obrero que trabaja únicamente su piedra; comienza a comprender la arquitectura del edificio. Sus herramientas ya no solo modelan materia, sino criterio.

Con ellas aprende que la construcción exterior refleja construcción interior. La rectitud geométrica es metáfora de rectitud moral. La proporción es imagen de armonía vital.

No es casual que varias de estas herramientas estén asociadas a ángulos de noventa grados. El ángulo recto representa estabilidad. La desviación mínima altera la estructura. Del mismo modo, pequeñas incoherencias pueden comprometer la solidez de una vida.

He comprendido que estas herramientas no se sustituyen unas a otras; se complementan. La voluntad sin medida desborda. La medida sin voluntad paraliza. La inteligencia sin rectitud manipula. La rectitud sin inteligencia se vuelve rígida.

El equilibrio entre todas ellas es el verdadero aprendizaje del grado.

En definitiva, las herramientas del Compañero no son instrumentos externos; son virtudes en potencia. Al asirlas simbólicamente, asumimos el compromiso de incorporarlas a nuestra conducta cotidiana.

El verdadero aumento de salario no consiste en conocer más símbolos, sino en integrar su enseñanza.

Porque la herramienta más importante, finalmente, es la conciencia que las aplica.

LA VERDAD COMO UN ABSOLUTO PERSONAL

"Nunca se alcanza la verdad total, ni nunca se está totalmente alejado de ella", escribió Aristóteles. Y Gandhi afirmaba que la verdad es interior y no debe buscarse fuera de nosotros. Ambas afirmaciones, en apariencia distintas, convergen en una intuición común: la verdad es horizonte más que posesión.

El concepto de verdad ha ocupado a la filosofía desde sus orígenes. Algunos pensadores defendieron la existencia de una verdad absoluta, universal e inmutable. Otros sostuvieron que nuestras verdades son construcciones condicionadas por contexto, cultura y experiencia. Entre estos polos —absolutismo y relativismo— oscila aún hoy el debate.

Sin embargo, más allá de las escuelas filosóficas, la pregunta adquiere dimensión existencial: ¿qué significa para cada uno vivir en verdad?

Recuerdo mi inquietud adolescente por encontrar "LA VERDAD", con mayúsculas. Mi preocupación giraba en torno a la cuestión de Dios y de la religión verdadera. Buscaba certeza definitiva, fundamento indiscutible. Pronto descubrí que cada tradición afirmaba poseerla. Y esa pluralidad de certezas absolutas generaba más preguntas que respuestas.

Con el tiempo comprendí que mi búsqueda no era tanto de un sistema doctrinal cerrado como de coherencia interior. La afirmación aristotélica —"lo que es, es; y lo que no es, no es"— comenzó a adquirir para mí un sentido distinto: no se trataba de capturar una verdad metafísica total, sino de aprender a reconocer honestamente lo que, en cada momento, percibía como verdadero.

Pero inmediatamente surge otra cuestión: ¿lo que es para mí, lo es también para los demás? Y aún más: ¿lo que hoy considero verdadero lo fue ayer, o lo será mañana?

La experiencia me ha enseñado que soy un ser en evolución. Mis convicciones han cambiado con los años, no por frivolidad, sino por aprendizaje. Aceptar la posibilidad de error no debilita la búsqueda; la purifica.

He llegado a entender la perfección no como ausencia de defecto, sino como plenitud dinámica. Un viejo monje cisterciense me ayudó a comprender que "ser perfecto" podía traducirse mejor como "ser completo". Completo no significa inmutable; significa integrado.

En ese sentido, la verdad se convierte en proceso más que en posesión.

La Masonería, cuando solicité ingresar en ella, representaba para mí precisamente esa posibilidad de ampliar la mirada. No buscaba una nueva verdad dogmática, sino una atalaya distinta desde la que contemplar la realidad con mayor amplitud y comprensión.

Algunos autores han afirmado que el simbolismo masónico indica el "Camino de la Verdad". Prefiero entenderlo como camino hacia mayor lucidez. El símbolo no impone una interpretación única; invita a reflexión personal.

El Compañero, en este grado de apertura intelectual, debe aprender a convivir con la tensión entre verdad objetiva y verdad vivida. Existen hechos verificables —realidades empíricas— que no dependen de nuestra opinión. Pero más allá de esos datos, la interpretación que hacemos de ellos sí está mediada por experiencia y contexto.

Creo que existen algunas verdades objetivas, especialmente en el ámbito de lo natural. Sin embargo, en el terreno moral, religioso o existencial, las convicciones personales suelen estar entrelazadas con historia y vivencias.

Por eso hablo de la verdad como un absoluto personal. No en el sentido de que sea universalmente válida para todos, sino en el sentido de que, para quien la vive, posee carácter absoluto mientras su conciencia la reconoce como tal.

Cada ser humano habita su verdad con intensidad, fruto de su experiencia, su educación, sus heridas y aprendizajes. Pretender imponer esa verdad como única es desconocer la pluralidad de trayectorias.

Al mismo tiempo, reducir toda verdad a pura arbitrariedad tampoco resulta satisfactorio. Si todo es igualmente válido, nada tiene consistencia.

Entre dogmatismo y relativismo extremo, el Compañero debe aprender a situarse en equilibrio. Defender con firmeza aquello que, tras reflexión honesta, reconoce como verdadero para sí; pero mantener apertura suficiente para revisar, matizar o incluso abandonar convicciones cuando la experiencia o el diálogo así lo aconsejen.

La justicia —virtud que considero fundamental— exige reconocer en el otro la misma dignidad que reclamo para mi propia conciencia. Si mi verdad es fruto de mi camino, la del otro también lo es.

Esta actitud no conduce a indiferencia, sino a respeto activo. Puedo discrepar profundamente sin descalificar. Puedo sostener convicciones sin convertirlas en arma.

En la Logia, la puesta en común de interpretaciones simbólicas constituye ejercicio práctico de esta convivencia. Cada plancha expresa una visión personal. Ninguna agota el significado. La suma de perspectivas amplía la comprensión colectiva.

Tal vez nunca alcancemos "La Verdad" con mayúsculas. Quizá siempre permanezca como aspiración, horizonte que orienta el camino sin dejarse capturar. Pero esa imposibilidad no debe desanimarnos.

Al contrario: nos preserva de la soberbia.

André Gide aconsejaba creer en quienes buscan la verdad y desconfiar de quienes aseguran haberla encontrado. Esta recomendación resume bien la actitud que intento cultivar: búsqueda perseverante sin pretensión de posesión definitiva.

El Compañero, armado de herramientas intelectuales y simbólicas, no debe conformarse con certezas heredadas sin examen. Tampoco debe perderse en escepticismo paralizante. Su tarea consiste en explorar, contrastar, integrar.

Vivir en verdad significa actuar conforme a convicciones examinadas, pero mantenerlas abiertas a revisión. Significa coherencia sin rigidez.

La verdad, entendida como absoluto personal, no es trinchera, sino punto de partida. Desde él avanzamos hacia mayor comprensión, sabiendo que el horizonte siempre se desplaza.

Quizá ese movimiento constante sea, en sí mismo, la forma más honesta de aproximarse a la verdad.

LA ESTRELLA FLAMÍGERA

Concluidos los cinco viajes simbólicos durante la ceremonia de Aumento de Salario, y tras las breves alocuciones con las que el V.·. M.·. ha ido acompañando cada uno de ellos, el Iniciado escucha una última admonición, tan concisa como densa de significado, que el ritual del R.·.E.·.A.·.A.·. recoge en apenas unas líneas:

«El iniciado debe ahora formar su plan de conducta para el futuro, a fin de poder dar a los que vienen tras él, por el ejemplo y la palabra, la instrucción que él mismo ha recibido de los que lo han precedido».

En estas palabras se condensa todo el sentido del itinerario recorrido. En ellas se alude al pasado, no como carga ni como nostalgia, sino como herencia viva: la cadena ininterrumpida de conocimientos, símbolos y experiencias transmitidas por generaciones de masones. Y se alude también al futuro, entendido como responsabilidad: el deber de prolongar esa herencia, no mediante la repetición, sino mediante una vida que encarne lo aprendido.

No es casual que se subraye el orden: primero el ejemplo, después la palabra. Porque en el camino iniciático la enseñanza auténtica no procede del discurso, sino de la coherencia entre lo que se piensa, lo que se dice y lo que se vive. Solo cuando esa coherencia se alcanza —aunque sea de forma imperfecta— la palabra adquiere peso y legitimidad.

Es inmediatamente después cuando el Iniciado es conducido ante el Ara y se le muestra la Estrella Flamígera. El ritual ofrece apenas unas indicaciones, dejando deliberadamente abierto el símbolo para que sea el propio Compañero quien, con el tiempo, descubra su verdadera profundidad. La Estrella no se explica: se contempla. Y su comprensión no es inmediata, porque no apela solo a la razón, sino a una forma más honda de conocimiento.

Conviene, en primer lugar, aclarar qué no es la Estrella Flamígera. No es simplemente un pentágono, ni una estrella de cinco puntas aislada, ni una figura geométrica cerrada sobre sí misma. Aunque nace del pentágono regular y contiene en su trazado el pentagrama pitagórico, la Estrella Flamígera no se agota en ninguna de esas formas. Es, ante todo, un proceso, una figura generadora que se despliega hacia dentro y hacia fuera de sí misma.

Al trazar las diagonales del pentágono, surge la estrella; y en el interior de esa estrella aparece, a su vez, un nuevo pentágono del que nace otra estrella, y así indefinidamente. Esta generación continua remite a una ley de armonía que rige tanto la geometría como la naturaleza viva. En ella está presente la proporción áurea, esa relación que Euclides describió como la división de un segmento en media y extrema razón, y que se manifiesta en innumerables formas naturales: en las plantas, en los cuerpos, en los ritmos de crecimiento.

Pero la Estrella Flamígera no nos invita a admirar una belleza matemática, sino a reconocer una ley espiritual: la del crecimiento armónico, la del progreso que no rompe, sino que integra; la de la evolución que no destruye lo anterior, sino que lo transforma y lo eleva. Cuando el Iniciado es capaz de percibir esta dinámica interior, puede decirse, simbólicamente, que la Estrella comienza a flamear.

Ese flameo no es externo ni espectacular. Es una experiencia interior, silenciosa, que se manifiesta cuando el Compañero comprende que su camino no consiste en alcanzar una forma perfecta, sino en mantenerse en un proceso constante de ajuste, de revisión y de apertura. La Estrella Flamígera señala, así, el nacimiento del Maestro Interior, no como título, sino como actitud permanente.

En el interior de la Estrella aparece la letra **G**, cuyo significado es deliberadamente plural. Más allá de las interpretaciones habituales —Geometría, Génesis, Gnosis, Gran Arquitecto—, resulta especialmente sugerente leerla como la letra griega **Gamma**, símbolo de una encrucijada, de dos caminos que se abren ante el ser humano.

La tradición cabalística asocia esta letra a dos sendas complementarias: la de la Rigurosidad y la de la Generosidad. No se trata de elegir una y descartar la otra, sino de aprender a caminar entre ambas, manteniendo un equilibrio siempre inestable, pero fecundo. La vida iniciática no se desarrolla en línea recta ni en indulgencia sin criterio: avanza en el espacio intermedio donde la exigencia se templa con la comprensión.

Esta enseñanza encuentra un eco inesperado en un ámbito aparentemente ajeno: el estudio de los ríos de llanura. Se ha observado que la relación entre la distancia en línea recta entre su nacimiento y su desembocadura, y la longitud real de su recorrido lleno de meandros, se aproxima siempre al valor de π. Esa constante, que en la Cábala se asocia al Nombre divino, sugiere que el camino humano se despliega necesariamente entre la rectitud y el rodeo, entre la disciplina y la adaptación, entre el ideal y la realidad.

La Gamma inscrita en la Estrella recuerda al Compañero que su progreso no será uniforme. Habrá un camino largo, hecho de trabajo diario, perseverancia y paciencia; y habrá también momentos breves e intensos de comprensión súbita, en los que la luz parece encenderse de golpe. Ambos caminos son necesarios y se complementan. La sabiduría consiste en no absolutizar ninguno de ellos.

Así entendida, la Estrella Flamígera no es un símbolo que se "posea", sino una luz que se custodia. No marca el final del camino del Compañero, sino su transformación. A partir de este momento, la enseñanza ya no se recibe principalmente desde fuera, sino que brota desde dentro, en la medida en que el Iniciado es capaz de vivir conforme a lo que ha comprendido.

La Estrella, finalmente, remite a los Tres Pilares que sostienen la Obra: Sabiduría, Fuerza y Belleza. Solo cuando estos tres principios se mantienen en equilibrio puede el fuego de la Estrella iluminar sin destruir. Solo entonces el Iniciado puede aspirar a ser, para los que vienen detrás, un eslabón fiel de la cadena: no por lo que enseña, sino por lo que es.

LA LETRA G

Realizados los cinco viajes de su ceremonia de aumento de salario, el futuro Compañero es conducido ante el Ara, donde el V.·. M.·. le muestra la Estrella Flamígera. Como ya he indicado en otro trazado, este símbolo —lejos de ser una figura estática— expresa, en el flamear de su crecimiento y decrecimiento armónico, la capacidad de comprensión, evolución y progresión en conocimiento, tolerancia y libertad a la que debe aspirar el Aprendiz y ya inminente Compañero.

Ese flameo no es otra cosa que el latido del trabajo interior. En él debe quedar acogida toda la enseñanza recibida de los MM.·. que le han precedido en la Masonería Universal y de los de su propia L.·. en particular; pero también aquello que, desde ese momento, el iniciado está llamado a aportar por sí mismo, haciendo eclosionar el Maestro Interior que ya comienza a manifestarse en él.

El V.·. M.·. llama entonces su atención sobre el hecho de que, en el centro de la Estrella, campea la letra G. Sobre su significado se ha escrito tanto como masones han reflexionado desde que este símbolo se incorporó a nuestros rituales en el primer tercio del siglo XVIII. A todas esas interpretaciones debo mi respeto y mi gratitud. Pero, del mismo modo que otros antes que nosotros ejercieron su libertad interpretativa, me siento legitimado para ofrecer la mía, no como verdad cerrada, sino como aportación al acervo común que la Orden transmite de generación en generación.

No hay constancia documental del uso de la letra G en Masonería antes de 1730, cuando aparece en el interrogatorio al Compañero recogido en *Masonry Dissected*, de Samuel Prichard:

— *¿Por qué fuisteis hecho Compañero del Oficio?*

— *Por amor de la Letra G.*

— *¿Qué significa esa G?*

— *Geometría, o la quinta Ciencia.*

Oswald Wirth señala, con razón, que no existe referencia a esta letra en ritual alguno anterior a 1737, siendo en las logias francesas donde comienza a emplearse con mayor profusión.

No me adhiero a la interpretación que ve en la letra G una referencia directa a Dios, ni como *God* anglosajón, ni como identificación inmediata con el G.·.A.·.D.·.U.·. entendido en clave teísta o deísta. Desde el máximo respeto a quienes así lo conciben, considero que la Masonería debe desenvolverse en un espacio de radical laicismo. Solo admitiría esa referencia al G.·.A.·.D.·.U.·. si se entiende como aquello absolutamente indefinido y desconocido que *puede* estar en el origen del Universo, sin pretensión dogmática alguna.

Desde esta premisa, propongo seis lecturas simbólicas de la Letra G: cinco que pueden entenderse irradiadas por cada una de las puntas del pentalfa en que se inscribe, y una sexta —doble y conclusiva— que expresa, a mi juicio, la actitud vital que debe acompañar al masón a lo largo de todo su camino.

La primera de estas lecturas es **Gravitación**. La gravedad es la chispa inicial, el punto germinal que hace posible toda forma de existencia. Es la *Yod* hebrea, la letra más pequeña y, sin embargo, origen de todas las demás. Ese punto primero remite al instante en que el Aprendiz toma conciencia de la vida que palpita en él a través de sus sentidos, tal como se le sugiere en su primer viaje.

Algunos autores han vinculado también la G a la *Gravité* francesa, en alusión al equilibrio que debe presidir toda construcción. En ese sentido, la letra G evocaría la plomada: instrumento que garantiza la estabilidad del edificio y, simbólicamente, la rectitud interior del masón.

La segunda lectura es **Generación**. Del punto inicial surge el círculo; de la unidad, la dualidad; del silencio, la palabra. Esta expansión generadora se expresa simbólicamente en la relación entre la escuadra y el compás, herramientas que el iniciado conoce en su segundo viaje, cuando se le invita a convertirse en columna viva del Templo.

Jorge Adoum relaciona la G con la garganta, lugar donde se genera la Palabra, el Verbo que se hace carne cuando el espíritu se humaniza. La letra G sería así el símbolo del fuego creador. Otras interpretaciones, como la de Lavagnini, llevan esta idea a terrenos más discutibles, pero incluso en ellas late la intuición de un principio generador que atraviesa toda existencia.

La tercera interpretación, quizá la más extendida, identifica la G con **Geometría**, quinta de las Artes Liberales. No como ciencia técnica, sino como disciplina del orden, de la medida y de la armonía. "*Nadie entre aquí si no es geómetra*" rezaba la inscripción de la escuela pitagórica. La geometría enseña al masón a conformar su pensamiento con rigor, a elevar sus aspiraciones con prudencia y a transformar la fuerza bruta en construcción consciente.

La cuarta lectura es **Genio**. En el cuarto viaje se le presentan al iniciado los nombres de filósofos que no deben entenderse como modelos a imitar servilmente, sino como estímulo para pensar por sí mismo. *Sapere aude*. Atreverse a pensar es asumir el riesgo de la libertad intelectual, pero también la responsabilidad de encajar ese pensamiento —mediante la escuadra— en la gran obra colectiva.

La quinta lectura es **Gnosis**. Como recuerda Plantagenet, en la tradición iniciática la gnosis no se opone a la razón, sino a la fe entendida como aceptación acrítica. La gnosis es conocimiento vivido, verdad descubierta por experiencia interior. Esta lectura se vincula al quinto viaje, cuando el iniciado camina ya en libertad, sin herramientas visibles, revisando su pasado y asumiendo la responsabilidad de su propio futuro.

Todas estas interpretaciones confluyen en una sexta lectura, que no es conceptual, sino ética, y que considero esencial: **Gratitud y Gratuidad**.

Gratitud, porque el Método Masónico es fruto del trabajo paciente de generaciones de masones que nos precedieron y cuyos esfuerzos sostienen hoy nuestro camino. Y Gratuidad, porque aquello que se recibe sin precio no puede transmitirse sino del mismo modo. El masón no trabaja para apropiarse del símbolo, ni para exhibirlo, ni para capitalizarlo; trabaja para servir, para aportar, para dejar paso.

La Letra G no se posee. Se encarna.

No es un emblema que se muestra, sino una actitud que se vive. No es una conquista, sino una responsabilidad. Solo flamea verdaderamente en quien ha comprendido que el conocimiento no autoriza al dominio, sino que obliga al servicio; que la luz no se acumula, sino que se comparte; y que el verdadero Maestro no es el que ostenta un título, sino el que hace de su vida una obra justa, sobria y fecunda.

LA *COUDÉE*, O LA APLICACIÓN DEL CODO COMO MEDIDA

La historia humana ofrece abundantes ejemplos de imposición. Cuando un grupo ha tenido poder suficiente, con frecuencia lo ha ejercido sin mesura. A escala colectiva, esa desproporción se traduce en dominio; a escala individual, en abuso.

Quizá el problema no radique únicamente en la fuerza, sino en la ausencia de medida.

Medir no es limitar arbitrariamente; es proporcionar. La civilización comienza cuando se introduce medida en la acción.

En el ámbito jurídico se habla de justicia distributiva, conmutativa y legal. Más allá de la clasificación técnica, subyace una intuición común: no todo debe darse en partes iguales, sino en proporción justa. La igualdad matemática no siempre es equidad.

Dar a cada uno lo mismo puede resultar injusto si las circunstancias son distintas.

Esta idea encuentra una expresión simbólica sugerente en la "coudée", el codo como unidad de medida utilizada en la antigüedad. El codo equivalía a la distancia entre el codo y la punta del dedo medio. Era, por tanto, una medida personal.

En el antiguo Egipto, cada maestro constructor podía utilizar su propio codo como referencia para una obra concreta. Más tarde se estableció un patrón común para unificar construcciones, pero el origen de la medida seguía siendo corporal.

El símbolo es elocuente: la medida nace del propio ser humano.

Trasladado al ámbito iniciático, la "coudée" puede entenderse como la medida personal con la que cada uno juzga, actúa y construye. No todos poseemos la misma longitud simbólica. Nuestra experiencia, formación y sensibilidad determinan la amplitud de nuestro criterio.

El Compañero, que ha llevado consigo la Regla durante sus viajes, ha aprendido el valor de la rectitud y la proporción. Pero la Regla es instrumento universal; la "coudée" remite a dimensión singular.

Aplicar el codo como medida implica preguntarse cuál es mi capacidad real, cuál es mi criterio, cuáles son mis límites y posibilidades. No se trata de rebajar exigencias, sino de ajustar expectativas.

En una obra arquitectónica, si cada piedra tuviera exactamente las mismas dimensiones sin atender a su función específica, el resultado sería rígido y carente de armonía. La belleza surge de la proporción adecuada entre diversidad y unidad.

Del mismo modo, en la construcción del Templo común, no todos los HH∴ aportan idénticas cualidades. Algunos destacan por erudición, otros por prudencia, otros por sensibilidad, otros por capacidad organizativa. Pretender uniformidad absoluta empobrecería la obra.

La justicia distributiva —entendida simbólicamente— exige considerar la "codada" de cada uno. Podemos aspirar a principios comunes, pero la aplicación concreta requiere discernimiento.

También en la vida profana esta reflexión resulta pertinente. A menudo exigimos a los demás aquello que nosotros mismos no estamos en condiciones de sostener. Medimos con un patrón rígido sin considerar circunstancias.

La "coudée" nos invita a examinar primero nuestra propia medida antes de imponerla.

No se trata de relativismo complaciente. El Compañero debe aspirar a elevar su medida, a ampliar su criterio mediante estudio y experiencia. Pero ese crecimiento es progresivo.

Imponer una exigencia superior a la capacidad actual puede quebrar; estimular con proporción puede fortalecer.

Existe otro matiz relevante: aunque cada maestro antiguo pudiera utilizar su propio codo, el resultado final debía integrarse en un conjunto coherente. La diversidad de medidas no implicaba desorden, sino armonización.

En Logia sucede algo semejante. Cada Venerable Maestro imprime carácter a su dirección, establece un estilo, una cadencia. No por ello se traicionan los principios fundamentales. Se expresan de manera distinta.

Aprender a convivir con esas diferencias es ejercicio de madurez.

El Compañero que comprende la simbología de la "coudée" aprende a aplicar justicia sin rigidez. Sabe que no todos parten del mismo punto ni avanzan al mismo ritmo. Sabe también que él mismo está en proceso.

Esta conciencia evita dos extremos: la indulgencia indiscriminada y la severidad desproporcionada.

En el plano personal, la "coudée" puede convertirse en criterio de autoevaluación. ¿Estoy midiendo mis acciones con honestidad? ¿Estoy exigiendo a otros lo que no me exijo a mí mismo? ¿Estoy reconociendo la singularidad ajena?

La medida personal no debe confundirse con capricho. Debe apoyarse en principios estables. Pero su aplicación concreta exige sensibilidad.

Si el Templo que construimos fuera un cubo perfecto, geométricamente impecable pero uniforme, carecería del esplendor que caracteriza a las grandes catedrales. La belleza de estas reside en la variedad de arcos, alturas y proporciones que, sin perder coherencia, generan armonía.

La diversidad proporcionada es más fecunda que la uniformidad impuesta.

Aplicar el "codo" como medida significa asumir que mi criterio es punto de partida, no patrón universal. Significa reconocer que la justicia auténtica requiere conocimiento de las circunstancias.

El Compañero, en su camino hacia la Maestría, debe aprender a medir con prudencia y a proporcionar con equidad. La Regla le recuerda la rectitud; la "coudée" le recuerda la singularidad.

Ambas, integradas, evitan la arbitrariedad y el abuso.

Porque la ausencia de medida conduce al dominio; la medida justa conduce a la construcción.

NADIE ES PROPIETARIO DE ALGO HASTA QUE LO DA

"Lo que doy es lo que me hace, no lo que tengo", escribió Pedro Casaldáliga. Y Shakespeare puso en labios de Julieta que cuanto más se da, más se posee, porque el amor es infinito. Ambas intuiciones convergen en una paradoja fecunda: la verdadera propiedad no consiste en acumular, sino en entregar.

En el camino iniciático —ese personal viaje hacia Ítaca— atravesamos distintas etapas. Al comienzo, el sendero es blando, casi polvoriento. Cada símbolo descubierto, cada lectura, cada reflexión despierta asombro. Todo parece nuevo. Vamos acumulando conocimientos como quien recoge pequeñas piedras brillantes a lo largo del trayecto.

Ese polvo del camino —metáfora del aprendizaje inicial— se adhiere a nosotros. Nos sentimos enriquecidos. Pero todavía no hemos comprendido qué significa realmente poseer aquello que hemos adquirido.

Con el tiempo, el terreno se vuelve más firme. El paisaje se amplía. Las enseñanzas dejan de ser mera sorpresa intelectual y comienzan a convertirse en experiencia vivida. Lo aprendido empieza a integrarse en nuestra conducta.

Es entonces cuando algo significativo ocurre: el polvo acumulado empieza a desprenderse.

Ese desprendimiento simboliza la generosidad.

El conocimiento que no se comparte se estanca. La experiencia que no se transmite se empobrece. La tradición misma —etimológicamente, transmisión— solo existe porque alguien decidió dar.

Estar en Masonería puede convertirse en actitud pasiva si se limita a la presencia física o al cumplimiento formal de obligaciones. Ser masón, en cambio, exige implicación activa. Construir no es suficiente; es necesario transmitir.

La transmisión no pertenece exclusivamente al Maestro. El Compañero, que ha ampliado su horizonte intelectual, está igualmente llamado a aportar. No como imposición, sino como donación.

Dar no es desprenderse de algo que sobra; es compartir aquello que ha sido interiorizado.

Existe una diferencia esencial entre poseer y ser propietario. Poseer puede implicar apego. Propietario es quien puede disponer libremente de lo que tiene. Si no somos capaces de desprendernos de nuestros conocimientos, de nuestras experiencias o incluso de nuestras certezas, quizá no seamos verdaderos propietarios de ellas.

A menudo nos aferramos a lo que sabemos como si fuera garantía de identidad. Tememos que compartirlo disminuya nuestro valor. Sin embargo, ocurre lo contrario: el acto de dar libera.

Quien está poseído por lo que posee no es libre.

El Compañero, que reflexiona sobre la libertad y la medida, debe también reflexionar sobre la generosidad. Dar es acto de autonomía consciente. Es ejercicio de libertad interior.

Cuando compartimos un conocimiento, no lo perdemos; lo consolidamos. Cuando transmitimos experiencia, no nos vaciamos; nos enriquecemos. El intercambio genera comunidad.

En ese intercambio se construye la egrégora, esa realidad invisible pero efectiva que surge del pensamiento y la voluntad compartidos. Cada aportación fortalece el conjunto.

La sociedad contemporánea asocia con frecuencia la propiedad al poder. Poseer es dominar. Pero esta lógica invierte el sentido profundo de la riqueza. El verdadero poder no reside en retener, sino en ofrecer.

Dar no significa ingenuidad ni ausencia de límites. La generosidad auténtica exige discernimiento. No se trata de distribuir sin criterio, sino de aportar aquello que puede contribuir al crecimiento del otro.

En el ámbito masónico, este dar se concreta en la exposición de planchas, en el consejo fraterno, en la disponibilidad para servir, en la escucha atenta. No siempre se trata de palabras brillantes; a veces es simple presencia.

El acto de dar transforma tanto al que ofrece como al que recibe. En el momento en que entrego algo que considero valioso, experimento una ampliación de conciencia. Ya no me define lo que guardo, sino lo que comparto.

La generosidad rompe el miedo a la escasez. Si creo que mis ideas se agotarán al transmitirlas, es que no confío en su vitalidad. Pero las ideas vivas se multiplican cuando circulan.

El camino a Ítaca, evocando a Kavafis, no se recorre para acumular mercancías, sino para enriquecerse en experiencia. Las aventuras y aprendizajes cobran sentido cuando se integran y se ofrecen.

Ítaca no tiene nada que darnos al final del viaje; somos nosotros quienes llegamos transformados.

Del mismo modo, la Masonería no es almacén de secretos que debamos conservar celosamente, sino escuela de transmisión responsable. Lo recibido debe ser elaborado y entregado.

Nadie es propietario de algo hasta que lo da porque solo en ese acto se manifiesta dominio auténtico sobre lo poseído. Mientras lo retenemos por miedo, somos dependientes de ello. Cuando lo ofrecemos libremente, demostramos que nos pertenece sin poseernos.

Esta reflexión tiene también dimensión profana. En nuestras relaciones personales, en el ámbito profesional, en la vida familiar, la capacidad de dar tiempo, atención y conocimiento genera vínculos más sólidos que cualquier acumulación material.

La reciprocidad que surge del dar no es transacción comercial; es intercambio humano. El que recibe puede, a su vez, ofrecer algo distinto. Así se teje la red invisible de comunidad.

El Compañero que interioriza esta enseñanza se aproxima a la Maestría. Ha comprendido que la riqueza iniciática no reside en acumular símbolos, sino en convertirlos en vida compartida.

Quizá el sentido último del viaje iniciático sea aprender que nada nos pertenece realmente si no estamos dispuestos a entregarlo.

Cuanto más damos, más somos.

Y en ese ser más pleno consiste la auténtica propiedad.

SER MASÓN; ESTAR EN MASONERÍA

En nuestra lengua distinguimos entre "ser" y "estar". No es una diferencia menor. "Ser" remite a identidad, a esencia, a aquello que configura lo que somos. "Estar" alude a situación, a circunstancia, a estado transitorio.

Se puede estar en un lugar sin ser parte de él. Se puede permanecer en una institución sin haberla integrado en la propia identidad.

Durante mucho tiempo quise ser masón. No deseaba simplemente estar en la Orden, ni figurar en un registro, ni portar un mandil. Aspiraba a algo más profundo: a incorporar a mi vida los valores que intuía tras el simbolismo.

Existe una tentación frecuente en toda organización humana: confundir pertenencia con transformación. La iniciación abre una puerta, pero no garantiza el recorrido. La pertenencia formal puede sostenerse durante años sin que exista verdadera evolución interior.

Ser masón no es un estado jurídico; es una actitud vital.

En mi trayectoria personal siempre ha existido un deseo de evolución constante. Me cuesta comprender la idea de permanecer inalterable durante décadas, como si el tiempo no hubiera aportado aprendizaje alguno. Si hoy pienso exactamente igual que hace treinta años, ¿qué he hecho con esos años?

La Masonería, para mí, nunca fue refugio estático, sino espacio de transformación. No ingresé para encontrar certezas definitivas, sino para ampliar la mirada.

Por eso la diferencia entre ser y estar adquiere aquí significado esencial. Estar en Masonería puede implicar asistir a Tenidas, cumplir obligaciones administrativas y respetar protocolos. Ser masón exige algo más exigente: coherencia diaria entre ideales proclamados y conducta real.

Cuando preguntamos "¿sois masón?", la respuesta ritual apela al reconocimiento de los hermanos. Ese reconocimiento no es automático. No depende de cargos ni de antigüedad. Es fruto de percepción íntima.

Puedo conocer a alguien como miembro de la Orden, pero reconocerle como masón implica constatar en su vida cotidiana los valores que la institución proclama.

Y lo mismo debo aplicarme a mí mismo.

No soy masón por el hecho de haber sido iniciado. Lo soy en la medida en que mi comportamiento refleje rectitud, fraternidad y búsqueda sincera de mejora.

El símbolo de las "piedras vivas" resulta aquí esclarecedor. El Templo no se construye con piedras inertes, sino con hombres y mujeres que vibran interiormente con el ideal. Una piedra viva no es la que ocupa un espacio; es la que contribuye a la estabilidad del conjunto.

Se puede estar en la construcción sin sostener nada. Se puede ocupar un lugar sin aportar estructura.

Ser masón implica asumir que la transformación no es puntual, sino permanente. Cada día ofrece oportunidad de practicar aquello que se reflexiona en Logia.

La fraternidad no se limita al saludo ritual; se expresa en la disposición a escuchar, en la capacidad de disculpar, en la generosidad para enseñar y aprender. La justicia no se reduce a discurso; se manifiesta en decisiones concretas.

Existe también un riesgo sutil: convertir la pertenencia en identidad rígida. Definirse exclusivamente por la adscripción institucional puede derivar en pérdida de individualidad crítica. La Masonería no está llamada a anular la conciencia personal, sino a fortalecerla.

Ser masón no significa renunciar a pensar por uno mismo. Al contrario, implica responsabilidad mayor en el ejercicio del criterio.

En este sentido, la pertenencia debe ser libre y consciente. Permanecer por inercia o por temor a romper la comodidad no es auténtica fidelidad.

La fidelidad verdadera nace de convicción renovada.

Cuando reflexiono sobre mis propias motivaciones, comprendo que ser masón exige examen continuo. No basta recordar el entusiasmo inicial; es necesario revalidarlo con la práctica.

Cada Tenida debería interpelarnos: ¿estoy siendo coherente con lo que proclamo? ¿Vivo fuera del Templo lo que defiendo dentro de él?

El Compañero, situado en esta etapa intermedia, debe asumir que la identidad masónica no se consolida por acumulación de grados, sino por integración progresiva de virtudes.

El tránsito hacia la Maestría no es solo ritual; es ético. No se alcanza por tiempo transcurrido, sino por profundidad adquirida.

La verdadera pertenencia no es la que figura en documentos, sino la que se manifiesta en el reconocimiento fraterno. Cuando un hermano percibe en otro actitud de servicio, coherencia y humildad, ese reconocimiento trasciende cualquier formalidad.

Ser masón es asumir que la Orden no es fin en sí misma, sino medio de perfeccionamiento personal y contribución al bien común.

Estar en Masonería puede ser circunstancia. Ser masón es decisión cotidiana.

Decisión de actuar con rectitud aun cuando nadie observe; de mantener espíritu crítico sin perder fraternidad; de evolucionar sin romper raíces.

En definitiva, la diferencia entre ser y estar nos recuerda que la iniciación no concluye con el ritual. Comienza allí.

Cada día debemos elegir si permanecemos simplemente en la institución o si encarnamos sus principios.

Porque solo en la medida en que somos, dejamos de estar.

VIRTUD, COHERENCIA, HONRADEZ, HONOR Y HONRA

Aristóteles afirmaba que la virtud es el justo medio entre dos extremos viciosos. No se trata de tibieza, sino de equilibrio consciente. La virtud no es impulso ni abstención absoluta, sino armonía entre exceso y defecto.

En el grado de Compañero, donde la reflexión ética adquiere mayor protagonismo, conviene detenerse en algunos conceptos que suelen confundirse: virtud, honradez, coherencia, honor y honra.

La virtud constituye el núcleo. Es excelencia del carácter, hábito adquirido mediante repetición consciente de actos rectos. No nace espontáneamente; se cultiva.

La honradez forma parte inseparable de esa virtud. Implica rectitud interior, fidelidad a principios incluso cuando nadie observa. Una persona puede poseer cualidades admirables —inteligencia, talento, valentía— pero si carece de honradez, difícilmente podrá calificarse de virtuosa.

La coherencia, por su parte, es la manifestación práctica de la virtud. Actuar de modo constante conforme a lo que se proclama. Sin coherencia, la virtud queda reducida a discurso.

Podría decirse que la honradez es la raíz y la coherencia el fruto visible.

El honor y la honra pertenecen a otra dimensión. Ambos remiten a reconocimiento social. La honra suele aludir a reputación en un entorno cercano; el honor puede tener alcance más amplio, incluso público. Pero ambos dependen de la percepción de los demás.

Aquí surge una cuestión delicada: ¿es el honor fundamento de la virtud, o consecuencia de ella?

Resulta peligroso invertir el orden. Si se busca el honor como fin, la virtud puede convertirse en instrumento. El comportamiento se orienta entonces hacia la aprobación externa, no hacia la rectitud interior.

El Compañero debe aprender a distinguir entre motivación ética y deseo de reconocimiento.

La virtud no necesita aplauso para existir. Puede permanecer invisible. La honradez auténtica no depende de honores, ni se debilita por su ausencia.

Aristóteles sostenía que el hombre virtuoso es digno de honor porque contribuye al bien común. Pero el honor no es lo que hace virtuosa a la persona; es, en todo caso, reconocimiento derivado.

Cuando el orden se invierte y el reconocimiento se convierte en meta, surge el riesgo del ego.

El honor y la honra son realidades volátiles. Dependen de contextos culturales, de modas sociales, de opiniones cambiantes. Lo que hoy se considera digno de reconocimiento mañana puede ser cuestionado. Basar la identidad en esa variable externa es construir sobre terreno inestable.

La honradez y la coherencia, en cambio, poseen estabilidad interior. No fluctúan al compás de la opinión pública.

En el ámbito masónico esta distinción resulta especialmente relevante. Los cargos, las dignidades y los reconocimientos pueden formar parte de la vida institucional. Pero ninguno de ellos garantiza virtud.

He conocido hermanos discretos, sin responsabilidades visibles, cuya coherencia diaria irradiaba más honor verdadero que cualquier distinción formal.

El Compañero debe vigilar una tentación sutil: confundir progreso iniciático con acumulación de honores. La verdadera progresión es interior.

La virtud exige esfuerzo constante. Requiere examinar motivaciones, corregir desviaciones, asumir errores. Es tarea silenciosa.

La coherencia añade dificultad adicional: mantener línea recta cuando las circunstancias invitan a desviarse. No es sencillo actuar con integridad cuando ello implica pérdida de reconocimiento o incomprensión.

Pero precisamente en esos momentos se revela la autenticidad de la virtud.

La honradez implica decir de lo que es que es, y de lo que no es que no es, incluso cuando esa claridad no genera simpatías. Exige también reconocer errores propios sin escudarse en justificaciones.

El honor auténtico —si ha de utilizarse el término— debería nacer de esa coherencia perseverante, no de gestos espectaculares.

Existe una diferencia esencial entre vivir de acuerdo con principios y exhibir principios. La primera actitud construye; la segunda puede alimentar vanidad.

El simbolismo del martillo y el cincel, aprendido en grados anteriores, resulta aquí pertinente. Pulir la piedra no es tarea pública; es trabajo íntimo. La excelencia moral no se proclama; se practica.

El Compañero, que ha ampliado su horizonte intelectual, debe comprender que la reputación puede engañar. No todo lo visible es sólido. No todo lo celebrado es virtuoso.

He llegado a la convicción de que la virtud es condición necesaria para una vida ética; la honradez es su expresión interior; la coherencia, su manifestación constante. El honor y la honra pueden añadirse como consecuencia, pero no deben convertirse en motor.

Preocuparse excesivamente por la propia imagen conduce a dependencia del juicio ajeno. La búsqueda de reconocimiento puede terminar erosionando aquello que pretendía destacar.

La serenidad del hombre virtuoso no procede del aplauso, sino de la conciencia tranquila.

En última instancia, la pregunta no debería ser "¿soy honrado ante los demás?", sino "¿soy coherente conmigo mismo?". El reconocimiento externo puede fluctuar; la integridad interior, cuando se cultiva, permanece.

El Compañero que comprende esta jerarquía conceptual avanza hacia mayor madurez ética. Ha aprendido que la construcción del Templo no se sostiene sobre prestigio, sino sobre rectitud.

La virtud es fundamento. La honradez y la coherencia, su estructura. El honor y la honra, si llegan, son consecuencia accesoria.

Invertir ese orden es comprometer la estabilidad de la obra.

LA SAGRADA GEOMETRÍA:

El arte de la generación y de la construcción espiritual

"Nadie entre aquí que no sepa geometría", se atribuye a Platón a la entrada de su Academia. Más allá de su literalidad histórica, la frase encierra una verdad simbólica: la geometría no es solo ciencia de la medida; es disciplina del orden.

Desde la antigüedad, diversas culturas han intuido que las formas geométricas expresan leyes universales. Las pirámides egipcias, los templos griegos o las catedrales medievales no son meras construcciones funcionales; encarnan proporciones que aspiran a reflejar armonía cósmica.

Pitágoras fue uno de los primeros en afirmar que el número constituye el principio de todas las cosas. Para él, las relaciones matemáticas no eran invenciones humanas, sino descubrimientos de un orden preexistente. Platón, en el "Timeo", asociaba los sólidos regulares a los elementos fundamentales del cosmos, concibiendo el universo como estructura inteligible y proporcionada.

La geometría, por tanto, no se limitaba a describir el mundo; lo revelaba.

En el ámbito iniciático, la geometría adquiere dimensión simbólica. No es casual que la letra G ocupe lugar destacado en el imaginario masónico. Más allá de sus múltiples interpretaciones, remite a la idea de generación y de conocimiento ordenado.

La Sagrada Geometría no debe entenderse como colección de figuras misteriosas, sino como contemplación de la proporción. La proporción es equilibrio dinámico entre partes diversas que, sin perder identidad, se integran en un todo coherente.

Esta intuición aparece en múltiples tradiciones. El mandala oriental, interpretado por Jung como símbolo del Self, representa la totalidad psíquica y la integración de opuestos. El cubo, el círculo, el triángulo o la estrella no son simples formas; expresan principios estructurales.

Pero más allá de referencias eruditas, lo esencial es la aplicación interior.

El Compañero ha aprendido que la construcción del Templo no es únicamente arquitectónica; es espiritual. Si el cosmos responde a leyes de proporción, también nuestra vida debería aspirar a coherencia estructural.

La armonía geométrica puede convertirse en modelo ético.

El triángulo equilátero, por ejemplo, simboliza estabilidad basada en igualdad de lados; el cuadrado, firmeza y equilibrio; el círculo, totalidad sin aristas. Estas formas no son fines en sí mismas, sino sugerencias simbólicas.

En el rito de aumento de salario se invita al iniciado a formar su plan de conducta futura. Ese plan no es improvisación; debe apoyarse en medida y proporción. La vida ética no puede ser errática.

La secuencia de Fibonacci, presente en múltiples estructuras naturales, ha sido considerada paradigma de belleza armónica. Más allá de especulaciones cosmológicas, la idea que transmite es sencilla: crecimiento ordenado.

Cada término surge del anterior, pero introduce novedad. No hay ruptura abrupta, sino continuidad generativa.

El crecimiento espiritual del Compañero debería asemejarse a esa progresión: acumulación que no es mera repetición, sino ampliación proporcionada.

La Sagrada Geometría enseña que toda generación auténtica requiere estructura. No se trata de multiplicar acciones sin criterio, sino de integrar pensamiento, palabra y obra en unidad coherente.

Aquí se conecta con el ideal griego de la "kalokagathia", armonía entre lo bello y lo bueno. La estética sin ética es vacío; la ética sin forma puede carecer de expresión. La geometría simboliza ese encuentro entre orden visible y rectitud interior.

El universo, en su expansión constante, no crece de manera caótica absoluta; obedece a leyes. La vida humana, en su dimensión espiritual, tampoco debería desarrollarse por impulsos desordenados.

La construcción interior exige método.

El Compañero, situado entre la recepción pasiva del Aprendiz y la responsabilidad plena del Maestro, debe aprender a ordenar su pensamiento. La geometría, entendida simbólicamente, le recuerda que toda edificación requiere planos.

Sin plano no hay templo.

La proporción no implica rigidez. Una estructura viva admite adaptación, pero mantiene coherencia básica. Del mismo modo, el crecimiento espiritual no es repetición mecánica, sino desarrollo armónico.

La Estrella Flamígera puede vivirse como experiencia de irradiación interior. Su simetría no es simple ornamento; sugiere centro y expansión equilibrada. Desde un punto central se proyectan líneas en distintas direcciones, sin perder unidad.

Ese centro puede entenderse como conciencia. Si el centro es sólido, la expansión es armónica. Si el centro se debilita, la figura pierde equilibrio.

La geometría enseña que todo comienza en el punto. El punto no tiene dimensión, pero contiene potencial infinito.

Desde él se genera la línea, el plano, el volumen. De igual modo, el trabajo interior comienza en decisión íntima que, al desplegarse, configura carácter.

El Compañero que contempla la geometría como símbolo aprende que su vida debe aspirar a proporción entre interior y exterior. No basta con adquirir conocimientos ni con ampliar relaciones; es necesario integrar.

Integrar es generar unidad.

La Sagrada Geometría no es evasión esotérica; es invitación a la coherencia. Nos recuerda que el orden no es imposición externa, sino descubrimiento de leyes que ya operan.

El crecimiento espiritual, si quiere ser auténtico, debe acompañarse de generosidad. La proporción incluye apertura. Una figura cerrada sobre sí misma no genera; una figura con dinamismo irradia.

La medida del crecimiento no es acumulación de símbolos, sino capacidad de armonizar lo aprendido con lo vivido.

La geometría, más que disciplina matemática, puede convertirse en pedagogía interior. Enseña que cada parte tiene lugar, que el exceso y el defecto rompen equilibrio, que la belleza nace de proporción.

Si el cosmos se estructura en armonía, el microcosmos humano está llamado a reflejarla.

Construir espiritualmente es aprender a medir, a ordenar y a generar. Es convertir la propia existencia en figura coherente.

Porque el Templo no se edifica al azar.

TOLERANCIA

Jacques Maritain afirmó en su obra *El Hombre y el Estado* que "la tolerancia no implica indiferencia hacia la verdad, sino respeto por la dignidad humana". Y el DRAE define la tolerancia como el "respeto a las ideas, creencias o prácticas de los demás cuando son diferentes o contrarias a las propias".

Existen múltiples tradiciones espirituales y filosóficas que han reflexionado sobre la tolerancia como una virtud esencial para el desarrollo humano y el progreso interior. El budismo, por ejemplo, enfatiza la compasión (*karuṇā*) y la ecuanimidad (*upekkhā*) como actitudes que permiten aceptar la diversidad sin apego ni rechazo. Desde esta perspectiva, la tolerancia nace del reconocimiento de que todos los seres humanos viven condicionados por sus circunstancias y su grado de conciencia.

El hinduismo, profundamente pluralista, ofrece una visión similar cuando afirma en sus textos sagrados que la verdad es una, aunque los sabios la nombren de múltiples maneras. Esta comprensión abre la puerta a una convivencia basada en el respeto y en la aceptación de caminos espirituales diversos. El sufismo, por su parte, eleva la tolerancia a través del amor divino y de la unidad esencial de todos los seres; poetas como Jalaluddin Rumi invitan a trascender prejuicios y divisiones para descubrir un espacio interior donde las diferencias dejan de ser barreras.

Aunque el cristianismo ha atravesado momentos históricos de intolerancia, su núcleo espiritual contiene mensajes claros de apertura y compasión. Las enseñanzas del Sermón de la Montaña, que llaman a amar incluso a quienes se oponen a nosotros, constituyen una invitación a mirar al otro desde la misericordia y no desde el juicio. También los estoicos, como Marco Aurelio o Epícteto, defendieron la fraternidad universal y la aceptación de aquello que escapa a nuestro control, incluidas las opiniones ajenas.

El taoísmo enseña que la diversidad forma parte del equilibrio natural del universo y que la rigidez genera conflicto mientras que la flexibilidad favorece la armonía. El confucianismo, mediante el principio de *Ren*, propone una benevolencia activa que fomenta el respeto mutuo como base de la convivencia social. En la tradición cabalística, la pluralidad de las sefirot refleja la riqueza de la manifestación divina, y la tolerancia surge como expresión del equilibrio entre fuerzas distintas que, lejos de excluirse, se complementan.

Desde nuestra condición de iniciados podemos abordar la tolerancia desde una perspectiva específicamente masónica, a la vez ética, simbólica y trascendente. Resulta significativo que las Constituciones de Anderson no utilicen explícitamente la palabra "tolerancia"; sin embargo, establecen con claridad el principio de libertad de conciencia al afirmar que ningún masón debe ser obligado a seguir una religión concreta, dejando plena libertad respecto a sus opiniones personales. Incluso cuando un hermano se desvía del orden social, se propone la compasión antes que la exclusión, lo cual revela una concepción profundamente humana de la fraternidad.

Aunque las Constituciones y Reglamentos de la GLE apenas mencionen el término, la tolerancia forma parte de la esencia más íntima de la Masonería desde sus orígenes. El equilibrio entre fuerzas opuestas constituye uno de los pilares simbólicos de nuestro lenguaje iniciático. La dualidad no es entendida como contradicción irreconciliable, sino como una etapa necesaria hacia la unidad superior. Reconocer la diferencia implica aceptar que cada hermano aporta una perspectiva singular que enriquece la construcción colectiva.

Se suele afirmar que la tolerancia pertenece al ámbito político o social, pero para el iniciado representa ante todo una virtud espiritual. Numerosos símbolos masónicos expresan esta dinámica dual: el pavimento ajedrezado recuerda la coexistencia de luz y sombra; la plomada y el nivel evocan equilibrio y rectitud; el mallete y el cincel sugieren acción y reflexión; la escuadra y el compás señalan la armonía entre materia y espíritu. Incluso la alternancia de los solsticios o la transición de la unidad a la tríada nos hablan de un proceso que atraviesa la dualidad para alcanzar una comprensión más elevada.

Ser tolerante no significa renunciar a la verdad personal ni adoptar una postura de indiferencia. Implica, más bien, aceptar con serenidad que la verdad puede manifestarse a través de múltiples miradas. La tolerancia auténtica exige un esfuerzo interior constante: aprender a escuchar, reconocer los propios límites y abrirse a la posibilidad de que el otro revele aspectos de la realidad que nosotros aún no percibimos.

Podríamos imaginar que el G∴A∴D∴U∴, símbolo de la armonía en la diversidad, dio origen al universo mediante la confrontación creativa de lo opuesto. Son alegorías que nos recuerdan que la chispa de la vida surge del encuentro entre polaridades. En esa tensión equilibrada nace una visión más amplia y profunda, capaz de trascender las aparentes contradicciones.

La tolerancia nos acerca a la armonía que surge de la unión de contrarios, evocada en la imagen del Yin y el Yan, donde cada elemento contiene la semilla del otro. No se trata de borrar las diferencias, sino de integrarlas en una comprensión más amplia. Tal vez por eso el maestro sufí Jalaluddin Rumi escribió: "Más allá de las ideas del bien y del mal, hay un valle. Allí te encontraré".

Ese valle puede entenderse como el espacio simbólico donde el iniciado aprende a mirar al otro sin prejuicio y a reconocerse en la diversidad. En él, la tolerancia deja de ser un concepto abstracto para convertirse en una práctica cotidiana que transforma nuestra manera de vivir la fraternidad.

ENCUENTROS CON LA SOLEDAD

La soledad suele presentarse ante nosotros como algo incómodo, casi amenazante. La asociamos al abandono, al vacío, a la ausencia de compañía. Y, sin embargo, existe otra forma de soledad —más discreta, más honda— que no empobrece, sino que fecunda. No es la soledad impuesta ni el aislamiento, sino aquella que uno acepta y en la que, casi sin proponérselo, se encuentra consigo mismo.

En el camino iniciático esa experiencia aparece muy pronto. Desde el inicio se nos invita a detenernos, a escribir en silencio, a enfrentarnos a nuestra propia conciencia sin apoyos externos. Nadie puede hacer ese gesto por nosotros. Nadie puede pensar por nosotros lo que debemos pensar en ese instante decisivo. Allí comienza una enseñanza que no se agota: hay pasos que solo pueden darse en soledad.

Con el tiempo he comprendido que esa dimensión no desaparece al avanzar en grados. Al contrario, se vuelve más necesaria. El Compañero amplía su horizonte intelectual, recorre viajes simbólicos, escucha, aprende, debate. El mundo se ensancha. Pero precisamente por eso necesita espacios de recogimiento donde lo aprendido pueda decantarse.

El conocimiento, si no se asimila en silencio, se dispersa.

Vivimos en una época saturada de estímulos. Opiniones, noticias, discursos, imágenes… todo nos empuja hacia fuera. En medio de ese ruido constante, la soledad elegida se convierte en acto consciente: cerrar la puerta, apagar el ruido, escuchar lo que permanece cuando todo lo demás se aquieta.

No se trata de huir del mundo, sino de prepararse mejor para habitarlo.

He experimentado que solo en esos momentos de retiro interior aparecen con claridad preguntas que en el bullicio quedan ocultas. ¿Qué busco realmente? ¿Qué me mueve? ¿Actúo por convicción o por inercia? ¿Es coherente mi palabra con mis actos? Estas cuestiones no siempre encuentran respuesta inmediata, pero el simple hecho de formularlas ya ordena.

La soledad, entonces, no es ausencia; es laboratorio del alma.

En el grado de Compañero, donde el pensamiento adquiere mayor protagonismo, la soledad cumple una función decisiva. No basta con adquirir conocimientos simbólicos o históricos. Es preciso integrarlos en la propia vida. Y esa integración no se realiza en el debate, sino en el silencio posterior.

Muchas intuiciones verdaderas no nacen en la discusión brillante, sino en el instante posterior, cuando uno se queda a solas y relee lo escuchado desde dentro. Allí, sin necesidad de imponerse, algo se ilumina.

También la corrección de errores requiere esa intimidad. En comunidad es fácil justificar nuestras posturas. En soledad resulta más difícil engañarse. El diálogo interior obliga a una sinceridad que no siempre es cómoda, pero que resulta imprescindible si queremos avanzar.

La soledad elegida nos coloca frente a nuestras contradicciones. Pero también nos permite reconciliarnos con ellas.

No es extraño que, en muchos momentos del itinerario iniciático, el trabajo esencial se realice en silencio. El golpe exterior del martillo puede escucharse, pero el verdadero pulido ocurre dentro. Esa labor no admite espectadores.

He aprendido que el crecimiento espiritual exige alternancia: momentos de fraternidad compartida y momentos de recogimiento personal. Sin los primeros, la experiencia se vuelve solitaria en sentido negativo. Sin los segundos, se vuelve superficial.

El péndulo de la vida oscila entre ambos polos. Cuando el movimiento es equilibrado, el centro se mantiene firme.

Existe además una soledad más sutil: aquella que aparece incluso en medio de la compañía. Es la conciencia de que, en última instancia, cada uno debe responder por sí mismo. Nadie puede vivir nuestra coherencia por nosotros. Nadie puede asumir nuestras decisiones interiores.

Lejos de resultar angustiosa, esa constatación puede ser liberadora. Nos devuelve responsabilidad.

En la medida en que aceptamos esa soledad esencial, dejamos de buscar constantemente aprobación externa y comenzamos a escuchar la propia conciencia con mayor atención. No para aislarnos, sino para actuar con mayor claridad.

He comprendido también que la soledad no es estéril cuando se vive con apertura. En esos espacios de silencio uno puede sentirse conectado con algo más amplio: con la naturaleza, con la memoria, con la tradición recibida, incluso con ese Maestro Interior del que tantas veces hablamos y que rara vez grita, pero que susurra cuando hay disposición a escuchar.

No se trata de experiencias extraordinarias. A veces basta un paseo solitario, una lectura meditada, una hora sin interrupciones. En esa sencillez se ordenan pensamientos dispersos y se reafirman convicciones.

La soledad bien asumida no debilita la fraternidad; la fortalece. Quien sabe estar consigo mismo está más preparado para estar con los demás sin dependencia ni miedo.

El Compañero que aprende a habitar su propia interioridad se aproxima, sin advertirlo, a la madurez que exigirá la Maestría. Porque sostener responsabilidades futuras requerirá criterio propio, y ese criterio se forma en silencio.

La soledad no es meta, sino tránsito necesario. No es clausura, sino preparación. No es negación del mundo, sino forma más profunda de presencia.

He llegado a verla como un espacio sagrado donde el alma respira sin máscaras. Y en ese respirar, lento y consciente, algo se aquieta y se fortalece.

Quizá crecer espiritualmente consista, en parte, en aprender a no temer ese encuentro.

Porque cuando la soledad deja de asustarnos, comienza a enseñarnos.

EL COMPAÑERO ANTE LA MAESTRÍA

Probablemente no haya existido Aprendiz o Compañero que, en algún momento de su recorrido, no haya sentido el deseo íntimo de "ser invitado a tomar parte en los trabajos de los Maestros", como dice nuestro Ritual. Ese anhelo forma parte natural del camino. La Maestría aparece ante nosotros como horizonte, como cima visible desde la distancia, como promesa de plenitud.

Sin embargo, con el paso del tiempo uno va comprendiendo que ese horizonte no puede reducirse a un simple grado. Si así fuera, bastaría con esperar. Y el camino iniciático no consiste en esperar, sino en transformarse.

El tránsito del Compañero hacia la Maestría está lleno de luces y sombras, como nos recuerda el propio pavimento del Templo. Hay momentos de entusiasmo, avances reales en el labrado de la piedra, descubrimientos que iluminan. Pero también aparecen fisuras inesperadas, reacciones propias que nos sorprenden, desánimos que insinúan abandono.

He aprendido que esas sombras no son obstáculos ajenos al proceso; son parte esencial de él.

En esta etapa, dos figuras míticas me han servido de apoyo interior: Sísifo y Parsifal. Ambos, desde tradiciones distintas, iluminan aspectos complementarios del trabajo que antecede a la Maestría.

Sísifo, condenado a empujar eternamente una roca montaña arriba para verla rodar de nuevo hacia el valle, podría parecer imagen del absurdo. Y, sin embargo, cuando contemplo su figura desde el prisma iniciático, encuentro en ella algo distinto. La roca puede simbolizar nuestra propia piedra bruta: imperfecciones que reaparecen, hábitos que creíamos superados y que vuelven a mostrarse, limitaciones que nos acompañan.

Cada vez que creemos haber alcanzado cierto equilibrio, descubrimos nuevos matices que requieren atención. El trabajo interior no concluye. No existe un punto definitivo de perfección desde el cual ya nada deba pulirse.

La montaña que Sísifo asciende podría representar la Maestría entendida como plenitud ética. No es una meta que se conquiste una vez para siempre; es ideal que impulsa constantemente hacia arriba. En ese esfuerzo reiterado reside su dignidad.

El Compañero debe asumir que el progreso auténtico no elimina la necesidad de seguir trabajando. La roca vuelve a caer, sí, pero cada ascenso fortalece.

Parsifal, por su parte, ofrece otra enseñanza. En su búsqueda del Grial, comete errores graves por falta de comprensión. Su silencio inicial, su desconocimiento del sentido profundo de lo que contempla, le obligan a vagar durante años antes de poder redimirse.

Parsifal no alcanza el Grial por fuerza ni por brillantez intelectual. Lo alcanza cuando comprende sus errores, cuando acepta su ignorancia y decide aprender.

La humildad es su verdadera llave.

Ante la Maestría, el Compañero puede verse tentado de acumular conocimientos, símbolos y referencias. Pero si no hay maduración interior, ese saber permanece superficial. La Maestría no es suma de lecturas; es integración de experiencia.

Entre Sísifo y Parsifal se despliega una tensión fecunda: perseverancia y humildad. Sin perseverancia, abandonamos ante la dificultad. Sin humildad, nos extraviamos en el orgullo.

La preparación para la Maestría consiste, sobre todo, en afinar carácter. No se trata de demostrar capacidad, sino de consolidar coherencia. No se trata de aspirar a reconocimiento, sino de cultivar rectitud.

El deseo de progresar es legítimo, pero debe ser examinado. ¿Busco el grado o busco la transformación que el grado simboliza? ¿Anhelo el título o el estado interior que debería acompañarlo?

La respuesta a estas preguntas no se formula en voz alta; se elabora en silencio.

El Compañero que se aproxima a la Maestría se encuentra en un umbral delicado. Ha recorrido camino suficiente para conocer la exigencia del trabajo interior, pero aún no ha asumido plenamente la responsabilidad que le aguarda. Ese umbral invita a una reflexión serena, libre de prisa.

He llegado a pensar que la Maestría comienza antes del ritual que la confiere. Comienza cuando el Compañero comprende que su tarea no consiste en acumular méritos visibles, sino en integrar sabiduría, fuerza y belleza en su conducta diaria.

Sísifo nos enseña que el esfuerzo no es inútil aunque parezca repetitivo. Parsifal nos recuerda que el error puede convertirse en enseñanza si se acepta con humildad. Ambos nos muestran que el viaje es tan importante como la meta.

El camino hacia la Maestría no elimina la fragilidad; la ilumina. No suprime las dudas; las ordena. No erradica las sombras; las integra.

En ese tránsito uno aprende que la plenitud no se impone desde fuera, sino que se construye lentamente, golpe a golpe, reflexión tras reflexión.

Al final, quizá lo verdaderamente decisivo no sea ser invitado a los trabajos de los Maestros, sino haber llegado a ser, interiormente, digno de esa invitación.

Porque la Maestría, antes que grado, es estado.

Y el estado comienza mucho antes de que cambie el nombre.

IV. Muerte y transformación

EN BUSCA DEL MAESTRO INTERIOR

Este trazado no busca definir al Maestro Masón desde el rito, ni sugerir modelo alguno, sino evocar, entre velos de símbolos y silencios de búsqueda, la figura interior de lo que entiendo que es a lo que debo aspirar una vez que sea elevado al sublime Grado. No pretende ser enseñanza, sino testimonio de lo que vivo y la expresión de un deseo.

Es una plancha escrita más con el corazón que con la razón, más con intuición que con saber, y la comparto como quien deposita ante el ara una piedra que aún guarda aristas, pero que ha sido tallada con sinceridad.

En la quietud del Templo, cuando el murmullo de la palabra cesa y solo el silencio habita entre las columnas, me atrevo a escribir con el corazón encendido por una pregunta que me acompaña como sombra fiel: ¿Qué significa ser Maestro Masón? ¿Qué Maestro quiero llegar a ser?

No hablo del título que otorga el rito, ni del grado alcanzado con pasos ceremoniales. Hablo de ese Maestro que se asoma, a veces, en lo hondo del alma, entre la ceniza del hombre viejo y la chispa de lo eterno originada por la iniciación. El que regresa del abismo al que ha descendido y regresa con una nueva mirada, una mirada que no juzga, que no impone, que no teme, que no necesita reconocimientos, porque ya se reconoce a sí mismo. El Maestro que no exige, pero transforma. El que, cuando se hace presente no responde, pero disuelve las preguntas.

Es Maestro no quien ha subido a lo más alto, sino quien ha descendido a lo más hondo: bajando por la espiral de su alma, encontró sus máscaras y las miró sin odio. Enfrentó sus sombras y no huyó. Abrazó sus heridas y las convirtió en lámpara. Murió a su vanidad y, de ese sepulcro, brotó la semilla de la verdad.

El Maestro sabe que el silencio no es ausencia de palabra, sino plenitud de sentido. Ha aprendido que no todo puede ser dicho, que hay palabras que solo se comprenden cuando el alma está preparada. Guarda silencio no por omisión, sino por respeto. Calla porque ha comprendido que lo esencial no se grita, se irradia. Sabe que la Verdad se revela en el templo interior, en lo más hondo del corazón, y que la Palabra Verdadera no se pronuncia con la boca, sino con su vida. Edifica con sabiduría, fuerza y belleza y él mismo se convierte en templo viviente, en piedra pulida y consagrada al servicio de todos.

Un verdadero Maestro no debe considerarse acabado. No alardea de su Grado, ni reclama honores. Ha comprendido que todo título es vano si no corresponde a una auténtica transformación interior. Por eso, camina con humildad, sabiendo que el camino no termina con la Elevación, sino que apenas comienza un viaje más profundo, más exigente, más solitario.

El Maestro debe ser humilde no porque se crea pequeño, sino porque ha intuido la grandeza del misterio que le rodea. Y por ello no busca reconocimiento. No necesita ser visto, porque él ve. Ve el símbolo en lo cotidiano, el dolor tras el gesto brusco, la chispa divina detrás del velo del Hermano, la Luz en el polvo del mundo.

La senda del Maestro está sembrada de pruebas: dudas, desencantos, rutinas, desazón espiritual... Conoce el desierto interior, la noche oscura del alma. Y sin embargo, continúa.

No porque no tema, sino porque ha aprendido a actuar a pesar del temor. Su voluntad se ha templado en el crisol de la experiencia.

Como el Maestro Hiram, ha descendido al centro de la tierra, ha sido golpeado por los instintos y ha resucitado por la palabra.

El Maestro juzga con equidad y antes de mirar la piedra del Hermano, examina la suya. Aplica la escuadra sobre sí mismo antes que sobre los demás. Por eso deviene en justo. Por eso su juicio no hiere, sino que construye. No castiga, sino que enseña. Y, como símbolo viviente de la Escuadra, camina rectamente, con los pies firmes sobre el suelo, pero con la mirada elevada hacia la Estrella Flamígera.

El Maestro ya no busca la Luz solo para sí. Sus manos ya no tallan solo su Piedra. Ahora ayuda a otros a descubrir la forma que duerme en su interior: no enseña con discursos, sino con sus propios actos; no dirige, sino que su sola manera de ser y estar inspira; no espera agradecimientos, porque ha comprendido que todo lo que da… le ha sido dado previamente.

Ha comprendido que la Luz crece cuando se comparte. Por eso se convierte en guía, en consuelo, en apoyo. Pero no impone, no arrastra: acompaña. Reconoce la chispa divina en cada Hermano, incluso en aquel que aún no la ve en sí mismo.

Es compasivo porque ha llorado; paciente porque ha tropezado; fraterno porque ha sentido la soledad. Y en su entrega, es capaz de abrirse en canal que transporta el Amor del Gran Arquitecto.

No hay en él nada de fingido. Lo que piensa, lo expresa; y lo que expresa, lo hace. Vive con coherencia y esa coherencia se vuelve enseñanza viva. Su vida es una plancha continua, escrita con símbolos y silencios, con gestos y actitudes. No predica: simplemente es.

Su vida es su Templo; su palabra, su juramento; su gesto, su firma. No hay doblez en su andar, ni mentira en su mirada. No hay orgullo en su saber.

El Maestro no se conforma con lo literal, ni se detiene en lo visible. Lee el símbolo como un mapa del alma y ve en cada piedra un reflejo de la Obra del Arquitecto Eterno. Intuye que todo rito es una sombra de algo mayor y que detrás de cada palabra ritual hay una vibración que toca la eternidad. Mira hacia lo alto, pero sin dejar de caminar entre los hombres. Se concibe a sí mismo como un constructor silencioso del Templo Colectivo: alguien que ya no trabaja solo por sí, sino por la armonía del conjunto.

El Maestro Masón, en su esencia más pura, no es un grado, sino un estado del ser. Es quien ha muerto simbólicamente a sus viejos moldes y ha renacido con una nueva Luz en el alma. No ha llegado a la meta, pero ha comprendido que el trabajo no acaba nunca, que toda cima no es sino el umbral a un nuevo recorrido en el que constata que la verdadera Maestría no consiste en saber más, sino en ser más: más humano, más luz, más silencio, más compasión. Más canal y menos ego.

El Maestro Masón es, en definitiva, un servidor de la Luz, un artesano del espíritu, un sembrador silencioso.

No sé si algún día seré ese Maestro, pero sé que cada vez que caigo y me levanto, me acerco un poco; cada vez que perdono mi torpeza y vuelvo al trabajo, la Luz me roza. Cada vez que el silencio me abraza, me habita la presencia del Gran Arquitecto.

No sé si llegaré a serlo. Pero sé que en la búsqueda sincera, ya está el germen de la Maestría.

Tal vez no haya otro camino hacia la Maestría que el de seguir buscando, piedra a piedra, al Maestro que duerme en mí.

EL ARTE DE EDIFICARSE

Se atribuye al poeta y ensayista Paul Valéry la frase: "A medida que me construyo, voy construyendo". Aunque no se conserva una fuente literal con esas palabras exactas, puede entenderse como una síntesis del espíritu que atraviesa su obra *Eupalinos o el Arquitecto*, donde el arte de edificar se convierte en metáfora del conocimiento de uno mismo.

En el diálogo entre Fedro y Sócrates, el arquitecto descubre que cada gesto exterior tiene su reflejo interior. La obra levantada con las manos es también una obra silenciosa que se realiza en la conciencia. El constructor, al trabajar sobre la materia, termina por modelarse a sí mismo.

Estas palabras resuenan con especial fuerza en el camino iniciático. No hay verdadera edificación sin un constructor dispuesto a afinar sus instrumentos interiores, a revisar sus certezas y a aceptar que cada piedra trabajada fuera revela también una arista que debe pulirse dentro.

Cuando me relaciono con los demás soy consciente de nuestras semejanzas y diferencias. Compartimos una misma condición humana, pero cada uno encarna una historia distinta, una forma particular de mirar el mundo. Bajo esa diversidad laten anhelos comunes: la búsqueda de sentido, el deseo de justicia, la aspiración a una vida más plena.

Cada uno de nosotros es como una piedra extraída de la cantera del mundo. Llegamos con formas imperfectas, con aristas heredadas y con marcas que hablan de nuestra historia.

Algunas piedras necesitan golpes firmes; otras reclaman paciencia y delicadeza. Ninguna es idéntica a otra, y precisamente en esa diversidad se encuentra la riqueza del edificio simbólico que aspiramos a levantar.

El Templo de la Humanidad no se construye con piezas uniformes, sino con la armonía de sus diferencias. Hay piedras ocultas que sostienen los cimientos y otras que se elevan visibles hacia lo Alto. Unas cargan el peso del conjunto; otras lo embellecen. Y, sin embargo, todas participan del mismo propósito.

A veces creemos que nuestras imperfecciones nos excluyen de la obra. Pero incluso la piedra aparentemente defectuosa puede permitir el paso de la Luz si encuentra su lugar adecuado. Comprender esto exige abandonar la mirada comparativa y asumir que cada existencia posee un sentido propio dentro del diseño universal.

Tomada en soledad, una piedra apenas tiene significado. Colocada en el lugar justo adquiere proporción y belleza. Del mismo modo, el ser humano solo alcanza plenitud cuando integra su trabajo personal en una tarea compartida. La construcción colectiva no anula la individualidad: la transfigura.

En mi propio camino he descubierto que muchas veces afronto nuevas etapas condicionado por experiencias pasadas. Tendemos a repetir esquemas conocidos incluso cuando el momento exige renovación. Aprender a desaprender se convierte entonces en una tarea esencial. "Para poder llenar una taza —dice un proverbio chino— primero hay que vaciarla". Vaciarse no implica renunciar a lo vivido, sino abrir espacio a una comprensión más profunda.

Esta labor resulta especialmente ardua cuando uno ha dedicado años a levantar su propia estructura interior. Hay muros que parecen firmes y, sin embargo, requieren ser revisados; hay certezas que deben ser desbastadas de nuevo para ajustarse a una visión más amplia. Edificarse implica también aceptar la posibilidad de reconstruirse.

Jiddu Krishnamurti advertía que el conocimiento acumulado puede convertirse en obstáculo cuando se transforma en refugio. La verdadera sabiduría nace de una percepción viva, libre de la rigidez de lo ya aprendido. Solo quien se mantiene disponible puede descubrir lo nuevo.

Con el tiempo me he dado cuenta que no me corresponde decidir el lugar exacto que ocuparé en el gran Templo. Mi tarea consiste simplemente en trabajar la piedra que me ha sido confiada, con constancia y humildad, sin pretender imponerle una forma que no le pertenece. Tal vez el verdadero arte de edificarse consista en aceptar que el constructor no es dueño absoluto de la obra.

A medida que el trabajo interior avanza, surge una paradoja: cuanto más se afina la conciencia individual, más se comprende la necesidad de la comunidad. La edificación personal no culmina en el aislamiento, sino en una contribución silenciosa al bien común. Cada gesto honesto, cada esfuerzo por mejorar, se convierte en una piedra invisible que fortalece la fraternidad humana.

El trabajo iniciático no busca la perfección exterior, sino la coherencia interior. Construirse implica reconocer las propias sombras, reconciliarse con las propias limitaciones y caminar con serenidad hacia una comprensión más profunda de uno mismo y de los demás. Es un proceso lento, a veces invisible, que exige paciencia y confianza.

Por eso puedo afirmar que el verdadero Templo no es solo el que imaginamos levantar, sino el que se edifica en el interior de cada ser humano. Allí donde el silencio permite escuchar, donde la voluntad se afina y donde la conciencia aprende a mirar sin juicio, comienza la auténtica construcción.

Porque a medida que me construyo, construyo. Porque cada esfuerzo sincero por ser mejor aporta algo al edificio invisible de la humanidad. Y porque el trabajo silencioso, perseverante y libre —sin esperar recompensa ni reconocimiento— constituye quizás la forma más elevada de servicio.

Y ese trabajo comienza, siempre, en uno mismo.

MUERTE Y TRANSFORMACIÓN: EL SIMBOLISMO DE HIRAM

El ritual de la elevación al sublime grado de Maestro Masón está repleto de alegorías y metáforas que invitan a una lectura simbólica de extraordinaria profundidad. No hay gesto ni palabra que no convoque, en su silencio o en su expresión, una llamada a la introspección. El Hermano que es llevado a este momento decisivo en su camino iniciático ha aprendido, si su corazón está dispuesto, que la verdadera enseñanza no se impone, sino que se revela en el tiempo maduro del alma. Y que en Masonería, como en la vida, las respuestas no se ofrecen de inmediato: es preciso aprender a esperar, a callar, a escuchar.

La ceremonia de exaltación está vertebrada por una leyenda central: la muerte del Maestro Hiram Abif. En torno a ese acontecimiento simbólico gira toda la escenificación ritual. Pero lo que aquí se representa no es una muerte definitiva ni trágica, sino una transmutación. La muerte de Hiram no es un punto final, sino el umbral que permite al Hermano, si está preparado, atravesar la noche de la ignorancia y vislumbrar la luz de una nueva conciencia.

La idea de una "muerte simbólica" como condición para el renacimiento interior está presente en numerosas culturas, religiones y tradiciones iniciáticas. En el antiguo Egipto, el Libro de los Muertos guiaba al alma del difunto a través de pruebas para alcanzar la inmortalidad. En los misterios eleusinos, el mito de Deméter y Perséfone simbolizaba el descenso a los infiernos y el regreso triunfal a la vida. En muchas culturas chamánicas, el aprendiz de chamán vive una enfermedad iniciática o un desmembramiento onírico que representa su propia disolución como individuo para renacer con una nueva visión.

Incluso en el cristianismo, el bautismo implica una muerte al hombre viejo y un renacer en una nueva vida. San Pablo lo expresa en su carta a los Gálatas: "Ya no soy yo quien vive, sino Cristo quien vive en mí". La muerte simbólica aparece también en la literatura: Dante desciende al infierno antes de ascender al Paraíso, Ulises baja al Hades para poder regresar a Ítaca, Fausto debe morir al deseo para alcanzar la redención, y Siddharta, en la obra de Hesse, solo alcanza la sabiduría tras sucesivas muertes de sus viejas identidades.

Todas estas experiencias, tan dispares en tiempo y geografía, tienen un hilo común: el abandono de un estado anterior de ser y la emergencia de un nuevo nivel de conciencia. La muerte iniciática no es castigo ni tragedia, sino condición de posibilidad para un despertar. Implica una ruptura con los moldes heredados, con los apegos profanos, con la imagen ilusoria que uno tiene de sí mismo.

En este contexto universal, la leyenda de Hiram adquiere una fuerza simbólica desbordante. El Maestro Constructor no revela el Secreto Supremo, ni siquiera ante la amenaza de muerte. Conserva su integridad hasta el final. Por eso su muerte no es una derrota, sino una afirmación: representa la fidelidad al principio interior que no puede ser traicionado. Cuando el recipiendario es postrado en la cámara de reflexión simbólica que reproduce la tumba de Hiram, no está simplemente dramatizando un relato, sino participando de una experiencia: muere al masón exterior para dar paso al Maestro Interior que ya mora en él.

La imposibilidad de levantar el cuerpo de Hiram con los signos y toques de los grados anteriores recuerda que los conocimientos adquiridos hasta ese momento no bastan para acceder a la Maestría. Solo mediante los Cinco Puntos de la Verdadera Maestría puede el iniciado ser levantado: es decir, solo cuando se dan en él la proximidad, la fraternidad, el compromiso, el discernimiento y la comunión real con el Secreto.

Cuando fui postrado en el suelo durante la ceremonia de exaltación, sentí con inusitada intensidad el peso simbólico de ese momento. No había lágrimas, ni miedo, ni regocijo. Solo silencio. Un silencio antiguo, primordial, lleno de presencias invisibles. Había leído, reflexionado, meditado muchas veces sobre la figura de Hiram. Pero solo en ese instante comprendí, en la carne del alma, lo que significaba morir a uno mismo. Y ser levantado no como un título nuevo, sino como una condición exigente de responsabilidad.

La Maestría no es un rango, ni un privilegio, ni una posición. Es una manera de vivir. Implica haber descendido a los abismos del yo, haber afrontado la muerte de las falsas certezas, haber sentido la desnudez del no saber y, desde allí, permitir que el Secreto nos habite. Es por eso que el Maestro no es el que impone, sino el que testimonia. No el que acumula, sino el que transmite. No el que se eleva sobre los demás, sino el que los levanta con su ejemplo y su humildad.

El camino hacia la Maestría comienza con una caída. Una caída necesaria para que la construcción no sea vana. Quien no ha sentido en sí mismo el peso de la piedra no podrá colocarla en su lugar justo. El simbolismo de Hiram nos recuerda que todo lo que no muere no puede ser transformado. Y que la luz más pura es aquella que ha atravesado la noche más oscura.

El Maestro Masón vive, a partir de su exaltación, con la conciencia de que su vida entera es un templo en construcción. La Palabra Verdadera no le será dada de inmediato: está oculta, velada, y solo se revela en la constancia del trabajo, en la perseverancia en el bien, en la fidelidad al silencio y en la rectitud de la acción. La muerte de Hiram es también su secreto: solo quien guarda en su corazón el Misterio puede comprenderlo.

EN EL UMBRAL DE LA MAESTRÍA

Sé que para muchos VV.·. HH.·. es conveniente que el recipiendario llegue a la ceremonia de exaltación sin conocer los detalles del rito, para que la experiencia provoque un impacto catártico y deje su huella profunda en el espíritu. Se busca que el asombro abra grietas interiores por donde pueda penetrar la luz.

En mi caso, sin embargo, tomé otro camino. Decidí estudiar previamente el ceremonial, aunque sabía de las recomendaciones contrarias que había escuchado. Lo hice porque quería vivir la ceremonia no solo como un testigo sorprendido, sino como un participante consciente, capaz de comprender —al menos en parte— el significado de cada paso, cada gesto, cada palabra, cada silencio. Quería abrirme, de manera deliberada, al mensaje profundo del rito.

Y creo sinceramente que acerté. Nada de lo que viví me sonó a nuevo y, sin embargo, todo me atravesó como si fuera la primera vez. Sabía qué sucedía, pero al vivirlo, descubrí cuánto me faltaba aún por comprender. Hubo momentos de intensidad difícilmente descriptible.

Quizá no se deba llegar al umbral de la Maestría sin haber sentido antes la muerte del hombre viejo o, al menos, no sin haber sentido en tu interior la cuchillada profunda que acabará por arrebatar la vida a aquel viejo compañero. Pero creo también que esa muerte no debería ser sorpresiva, sino cuidadosamente preparada, querida, deseada. El hermano que será exaltado debe haber sentido ya, en lo más profundo de su alma, la necesidad vital de empezar una nueva etapa, de marcar un antes y un después.

Ya antes de cruzar el umbral del Templo, me sorprendió la aparente —pero firme— severidad con que fui conducido: ni palabras, ni miradas, ni gestos fraternos. Fui apartado de Pasos Perdidos y llevado, casi en volandas, hacia la entrada de la Cámara del Medio. Sabía que había de ser así, pero nada pudo evitar que me embargara una sensación extraña: la de ser sometido a prueba, como si se cuestionaran mis motivos, como si se pusiera en duda la pureza de mi deseo. Y allí, de espaldas al Templo, me pregunté: *¿está mi corazón limpio? ¿No albergo deseos espurios?* Y si he de ser sincero, os diré que no supe responderme.

El ritual prescribe el examen de las manos desnudas y del mandil del Compañero. Me había parecido que sería solo un gesto formal, pero no lo fue. No para mí. No era el H∴ Experto quien examinaba mis manos, ni el V∴ M∴ quien miraba mi mandil. Era mi propia conciencia la que se alzaba, desplegando ante mí las veces que, a lo largo de la vida, había manchado mis intenciones, las veces que había palmoteado el fango. Por un instante temí que esos recuerdos fueran visibles a los ojos de mis HH∴. Pero la sentencia fue de inocencia. Y en ese momento, sentí que entraba de verdad en la Cámara del Medio. Fue como en aquellos tiempos en que, tras una confesión sincera, había recibido la absolución: lo pasado quedaba atrás. Todo estaba por hacer.

La Marcha del Maestro sobre la tumba del Maestro asesinado fue, para mí, la representación de la transmutación de mi propio ser en el de Hiram Abif. Cada golpe recibido retumbaba como una invitación a dejar atrás la ignorancia, la hipocresía, la ambición. Y más aún: cada golpe abría una grieta por donde pudiera entrar lo nuevo. No eran solo golpes de muerte: eran golpes de apertura.

Ocupar el lugar de Hiram, sustituir mi cuerpo por el suyo, fue quizá el instante más intenso. Y cuando sentí los pasos de los HH∴ peregrinando en busca del Maestro caído, comprendí que no buscaban a otro, sino a mí. Cuando, finalmente, fui levantado con la ayuda de las Tres Luces, no experimenté alegría ni satisfacción. Lo que sentí fue el peso del compromiso: la entrega gratuita, la coherencia absoluta, el esfuerzo constante que serían, a partir de ahora, el norte que marca el mango del compás, ya dispuesto sobre la escuadra.

Al mirar por última vez el lugar donde había estado tendido, supe que allí debía quedar todo lo que ya no podía acompañarme: las viejas máscaras, las adherencias profanas, los restos del hombre viejo. Ese era, en verdad, el compromiso que había adquirido con mi juramento. Y el abrazo con los cinco puntos perfectos de la Maestría sellaba ese compromiso para toda la vida.

Hoy me encuentro en pie, en el umbral de la Maestría. Todo el camino está por hacer, toda la sabiduría por alcanzar. Mi único deseo es ser, si soy digno de ello, un humilde canal a través del cual esa sabiduría pueda ser compartida. Que el Maestro Interior, cuya voz apenas empiezo a escuchar, me guíe para que cada paso que dé sea labor de luz y no de vanidad.

EL UMBRAL QUE NO SE CIERRA

Del Tetraedro al Icosaedro

El arte de vivir, como el arte de construir, comienza con formas simples y progresa hacia estructuras cada vez más ricas, sutiles y armoniosas. Como masones, somos invitados a observar no solo el mundo exterior, sino también el mundo interior con los ojos del geómetra, del arquitecto, del aprendiz que labra su piedra. En esta plancha quiero explorar, a modo de alegoría, la evolución del ser humano desde sus comienzos elementales hasta una madurez plena, tomando como imágenes simbólicas el paso del tetraedro al icosaedro.

¿Por qué estas figuras? El tetraedro es el poliedro más sencillo: tiene cuatro caras, cuatro vértices y seis aristas. Representa el inicio, la infancia, los primeros pasos. El icosaedro, con sus veinte caras, doce vértices y treinta aristas, encarna la multiplicidad integrada, la riqueza de lo complejo, la madurez alcanzada. Entre ambos hay no solo una diferencia de forma, sino una travesía interior.

I. El tetraedro: lo elemental, el inicio

Cuando el ser humano nace, llega al mundo con cuatro grandes virtudes elementales, que son como las caras de su tetraedro primordial:

— **Amor:** o vínculo esencial con la madre, con el otro, con la vida.

— **Curiosidad:** el impulso por descubrir, tocar, explorar.

— **Confianza:** la entrega confiada a quien lo cuida, a la existencia misma.

— **Esperanza:** la apertura hacia el futuro, la intuición de algo más allá.

Estas caras confluyen en cuatro vértices fundamentales:

— **Sinceridad:** expresión espontánea de lo que es.

— **Autonomía:** brote inicial de independencia.

— **Fortaleza:** primeras resistencias ante la adversidad.

— **Empatía:** sensibilidad hacia el otro, hacia el entorno.

Pero este inicio no está exento de tensiones. Hay seis aristas que el niño debe recorrer, defectos o desafíos que lo enfrentan a sus límites:

— **Impulsividad:** deseo sin medida.

— **Inseguridad:** miedo a lo desconocido.

— **Egocentrismo:** yo como centro único.

— **Impaciencia:** incapacidad de esperar.

— **Dependencia emocional:** apego excesivo al otro.

— **Resistencia al cambio:** temor a abandonar lo conocido.

El tetraedro, así entendido, no es solo una figura, sino un mapa de desafíos. Nos enseña que incluso lo pequeño contiene tensiones que es preciso pulir.

Cuando miro mi propia historia, veo que durante años habité ese tetraedro sin saberlo. Como todos, fui esculpido por las primeras alegrías y heridas, y solo mucho después empecé a intuir que había algo por pulir. La masonería me encontró ya maduro en edad, pero joven en camino interior. Llegué a ella con sed de avanzar, de cruzar el umbral hacia una etapa nueva.

II. El tránsito: pulirse y crecer. Del aprendiz al compañero

El crecimiento humano consiste en multiplicar esas primeras virtudes, enriquecerlas, darles matices, integrarlas en una red más vasta. Como masones, lo sabemos: no basta con desbastar la piedra, hay que refinarla, afinar sus proporciones, colocarla en el edificio común.

En este tránsito, las aristas dejan de ser amenazas para convertirse en maestras: la impulsividad aprende a dialogar con la prudencia, la inseguridad se transforma en fortaleza, el egocentrismo cede paso a la empatía. Cada vértice crece, cada cara se multiplica, cada arista se suaviza.

Al pasar a compañero, el aprendiz descubre que el trabajo no es solo con uno mismo, sino con el cosmos: que la regla y el compás miden no solo su conducta, sino su relación con el todo.

III. El icosaedro: la expansión, la maestría interior

La exaltación al grado de Maestro no es ni un diploma ni un ascenso. Es un tránsito profundo, una muerte simbólica. El Maestro Hiram, en su leyenda, nos muestra el precio del conocimiento y la necesidad de morir al hombre viejo para que pueda surgir uno nuevo.

El icosaedro es una figura compleja, elegante, integrada. Sus veinte caras representan virtudes desplegadas:

— Sabiduría, templanza, justicia, generosidad, perseverancia, valentía, prudencia, resiliencia, humildad, gratitud, compasión, creatividad, asertividad, integridad, misericordia, lealtad, paciencia, optimismo, entusiasmo, responsabilidad.

Sus doce vértices son núcleos de maestría, puntos donde varias virtudes convergen y resplandecen. Y sus treinta aristas ya no son solo defectos a vencer, sino tensiones a integrar: sabemos que el ego, la duda, el miedo, seguirán ahí, pero hemos aprendido a dialogar con ellos.

Aquí no hay perfección estática, sino equilibrio dinámico. El maestro no es el que ya no cae, sino el que aprende a levantarse. No es el que sabe todo, sino el que ha aprendido a sostenerse en la incertidumbre. El icosaedro nos recuerda que la verdadera madurez es integradora: reúne opuestos, armoniza contrastes, convierte las heridas en puertas.

IV. Reflexión masónica: geometría y vida

En la masonería, trabajamos sobre nosotros mismos como si fuéramos piedras brutas. El aprendiz golpea con mazo y cincel, el compañero mide con regla y compás, el maestro busca la proporción áurea que alinea sus actos con el cosmos. Cada grado es un paso de forma: del tetraedro elemental a la complejidad del icosaedro.

En el tetraedro, basta mantenerse en pie; en el icosaedro, hay que aprender a girar, a fluir, a ser múltiple sin perder el centro. En el tetraedro, uno es uno; en el icosaedro, uno es muchos y muchos son uno.

Como Maestro, siento que ahora comienza la parte más exigente del viaje. No porque haya que saberlo todo, sino porque ahora sé cuánto no sé. Porque sé que la verdadera Maestría es callada, humilde, paciente.

Y sé que el deber principal es servir. Porque el Maestro no es el que brilla, sino el que enciende luces en otros.

Al escribir esta plancha, no pretendo dar respuestas, sino abrir reflexiones. Estoy de pie, en el umbral de la Maestría. Me descubro aún caminando entre caras, vértices y aristas, sabiendo que cada paso es un aprendizaje. Mi tetraedro interior me sostiene; mi icosaedro interior me llama.

Como maestro recién exaltado, siento que todo el camino está por hacerse. Toda la sabiduría está por aprender. Todo el amor por dar. Que cada herramienta recibida en los grados anteriores sigue siendo necesaria, pero ahora de forma más sutil, más silenciosa. Que la escuadra y el compás ya no son solo útiles, sino símbolos vivientes.

Y que, al fin, el trabajo masónico es construir un edificio interior que, como las figuras platónicas, refleje un orden más alto, más bello, más justo. La geometría me enseña que lo bello no es lo rígido, sino lo armónico. Que lo perfecto no es lo acabado, sino lo que sabe crecer.

Un orden que no se impone, sino que se cultiva. Un orden que nace del amor, de la curiosidad, de la confianza y de la esperanza primeras, pero que se expande hacia una sabiduría que abraza lo diverso y lo infinito.

LA HERIDA DE LA PALABRA PERDIDA

Vivir en el vacío fértil

Cuando cruzamos el umbral de la Maestría, no lo hacemos para recibir respuestas, sino para aprender a vivir con, cada vez, más preguntas. Una de las más profundas es la que se refiere a la Palabra Perdida. ¿Qué es? ¿Qué representa? ¿Es un secreto extraviado, un sonido olvidado, una contraseña oculta? ¿O es, más bien, el nombre que damos a lo que intuimos pero no alcanzamos a nombrar: el Misterio?

Desde el rito sabemos que Hiram Abif murió antes de revelar la Palabra del Maestro. Su cuerpo yace, y cuando se intenta levantarlo, la carne se desprende de los huesos. La Palabra queda silenciada pero... ¿realmente estaba en sus labios? ¿O habitaba ya en cada uno de los que lloraban su pérdida? Yo creo que la Palabra que no se puede pronunciar no está perdida: está sembrada en nosotros.

I. El vacío fértil: cuando la herida es un umbral

"Donde hay herida, hay abertura; donde hay abertura, puede entrar la luz."

La primera vez que escuché hablar de la Palabra Perdida, pensé en una pérdida concreta: algo que había que recuperar, reconstruir, pronunciar correctamente. Pero pronto comprendí que el símbolo es mucho más profundo. No apunta a un objeto recuperable, sino a una ausencia constitutiva. Es la marca de nuestra condición de seres incompletos.

Desde el Egipto faraónico hasta el sufismo y misticismo islámico, pasando por la cábala cristiana y renacentista o por textos gnósticos, hay abundantes alusiones al nombre de Dios que no puede ser pronunciado o que se desconoce cómo pronunciarlo. Algunos inciden en que esa palabra, ese nombre impronunciable, está contenido y representado por el tetragramaton.

Pero el concepto exacto de "Palabra Perdida" es propiamente masónico. Samuel Pritchard, en su "Masonería Diseccionada" de 1730, donde ya aparece el mito de Hiram Abif, alude por primera vez a la palabra que no pudo ser dada. Pero es a mediados del siglo XVIII cuando los rituales ingleses y franceses empiezan a fijar más claramente el tema, consolidándose el simbolismo de la "Palabra Perdida" dentro del grado de Maestro.

Creo, sin embargo, que este concepto, como símbolo que es, se ofrece a nuestra consideración para que, desde una reflexión profunda, tratemos de interiorizarlo a fin de que converse con nosotros desde un plano personal e íntimo.

Todas las tradiciones espirituales comprenden, de algún modo, que solo quien ha experimentado la pérdida, el vacío, la herida, está en condiciones de recibir una luz mayor. Solo tras ocupar el lugar del Maestro Hiram y volver a la vida puedes ser consciente de que la Palabra, que con tanta violencia trató de obtenerse, se perdió con la muerte de aquel. Y ahora, como Hiram vuelto a la vida, te queda el vacío de aquella Palabra que has de tratar de encontrar.

II. La Palabra como Misterio: del UNO a la multiplicidad

Nada me anima ni me llama a identificar la Palabra Perdida con ningún nombre. Tampoco con el de Dios, llamándosele como se le llame. Sin embargo se me hacen presente, con inusitada fuerza, los primeros versículos del

Evangelio de Juan que, en la versión de la Biblia de Jerusalén dice así: "*En el principio existía la Palabra, y la Palabra estaba junto a Dios, y la Palabra era Dios. Ella estaba en el principio junto a Dios. Todo se hizo por ella, y sin ella no se hizo nada. Lo que se hizo en ella era la vida, y la vida era la luz de los hombres. Y la luz brilla en las tinieblas, y las tinieblas no la vencieron*".

Estos versículos me hablan del Uno, del Dos y del Tres. Del Uno en cuanto que en el momento primordial solo existía la Palabra en el silencio, que era el mismo Dios y Dios era la Palabra. Al ser pronunciada dio lugar a la dualidad. Y ese Dios hecho Palabra pronunciada y escuchada por él mismo generó la trinidad.

La lectura interior que se me hace presente adquiere una dimensión cosmogónica: dios, el Gadu, el Ente Primordial, se pronuncia a sí mismo constituyendo la fuerza generadora de todo cuanto existe. También de nosotros, de mí. Es el instante del Big-Bang que, en su desarrollo multiplicador, genera la maravillosa diversidad que conocemos y que sigue expandiéndose.

Encuentro un relato similar al de Juan en el mito de la creación de Heliópolis, recogido en los Textos de las Pirámides: según el mito cosmogónico egipcio, al principio solo existía el Nun, el océano primordial, oscuro y caótico, donde todo estaba diluido, incluso Atum, el dios creador. Allí no había ni cielo ni tierra, ni vida ni muerte. En ese vacío indiferenciado, Atum tomó conciencia de sí mismo y, al pronunciar un grito —"¡Ven a mí!"—, se dio forma a sí mismo, surgiendo como Atum-Ra, la primera luz. Desde entonces, separándose del caos, hizo surgir la primera tierra firme: la colina sagrada de Benben, base piramidal que representaba el eje del mundo y el inicio de la materia.

Cuando estuve tendido como Hiram, rodeado por el silencio ritual y los pasos de los HH.·. que lo buscaban, sentí que no todo estaba perdido. Había un hueco que dolía, sí. Pero también había semilla. El vacío no era hueco muerto, sino matriz fértil. Y comprendí que la Palabra no está fuera: **está dentro, esperando ser encarnada.**

La Palabra Perdida no es una sílaba ni un conjunto de ellas. Es el anhelo de retornar al Uno. Es la nostalgia de la Unidad. Pero no para quedarse suspirando, sino para ser, aquí y ahora, testigos de esa luz que el caos no pudo apagar.

III. Del Maestro que calla al Maestro que encarna

El mito de Hiram Abif nos muestra que no todo saber puede transmitirse por palabras. Hay saberes que se viven, que se inscriben en el cuerpo, que se comunican por presencia, por acto, por silencio. El Maestro no es quien repite fórmulas, sino quien vive de acuerdo con un centro invisible, con una brújula interna, con un Misterio que lo habita y lo transforma.

Después de haber vivido la exaltación, uno se da cuenta de que ha recibido mucho más que un grado: ha recibido una invitación a volverse coherente. Coherente no en el sentido de perfecto, sino en el de estar alineado: pensar, sentir y actuar desde un mismo eje. Ese eje es la Palabra que ya no se busca fuera, porque se sabe dentro. Es la concreción del acróstico VITRIOL desde una nueva perspectiva.

La herida que deja la Palabra Perdida no se cierra. Nos mantiene despiertos, humildes, buscadores. Nos recuerda que nunca llegaremos a saberlo todo, a poseerlo todo, a controlar todo. Nos enseña que no somos dioses, pero que podemos ser artífices: artífices de nosotros mismos, de nuestra pequeña obra, de nuestro paso humilde por el mundo.

Vivir en el Vacío fértil es vivir abiertos a lo que no sabemos. Es hacer silencio, escuchar, mirar con nuevos ojos. Es reconocer que, si hay algo que transmitir, lo haremos no solo con palabras, sino sobre todo con actos. La Maestría no consiste en clausurar el Misterio, sino en habitarlo.

En el fondo, tal vez la Palabra Perdida no sea un término, ni un secreto, ni siquiera un conocimiento. Quizá sea, más bien, la consciencia de la herida que nos constituye y nos abre. Vivir en el Vacío fértil es asumir esa herida, honrarla, y seguir andando. Y en ese transitar, iluminar, aunque sea un poco, el camino de los que vienen detrás.

HIRAM ABIF Y EL MAESTRO INTERIOR: EL ARTE DE CONSTRUIR EN SILENCIO

La figura de Hiram Abif, tal como la propone la tradición masónica, no proviene directamente del relato bíblico, sino que pertenece al universo simbólico y pedagógico del camino iniciático. No se trata de un personaje histórico en sentido estricto, sino de un arquetipo que, más que ofrecer información, busca provocar transformación.

Conviene señalar que las Sagradas Escrituras no presentan un relato uniforme sobre Hiram. Mientras que en el Primer Libro de los Reyes se le menciona por su trabajo en el palacio de Salomón —sin destacar su papel en el Templo—, el Segundo Libro de las Crónicas lo presenta como colaborador en su construcción. Esta divergencia carece, a mi juicio, de importancia. La Masonería no se apoya en la literalidad de los textos, sino en su lectura simbólica. No nos interesa tanto qué construyó Hiram, sino cómo lo hizo: su maestría, su fidelidad, su silencio, su integridad. Lo relevante no es si trabajó en piedra o en metal, en templo o en palacio, sino la actitud interior con la que asumió su obra.

Es precisamente desde esa actitud —silenciosa, perseverante, íntegra— que Hiram se convierte en modelo del Maestro Interior. Su negativa a revelar lo que solo puede ser transmitido en el momento adecuado, su fidelidad hasta el final, y su muerte violenta lo convierten en símbolo de sabiduría no compartida superficialmente, sino sembrada en profundidad.

La primera cualidad que deseo destacar es que Hiram no cede. No traiciona el secreto, ni siquiera bajo amenaza de muerte. Esta fidelidad a lo que le ha sido confiado es el primer gran pilar del Maestro Interior. Quien no puede mantenerse fiel a lo que reconoce como justo, verdadero y esencial, no ha entrado aún en la cámara del medio de su conciencia. Ningún interés personal, influencia ajena o respeto humano debe provocar una actuación incoherente.

El Maestro no es quien lo sabe todo, sino quien ha aprendido a no traicionar su eje. No por tozudez ni orgullo, sino porque sabe que hay cosas que no pueden negociarse sin perderse a uno mismo. La integridad de Hiram es una llamada silenciosa a la coherencia más profunda.

El Maestro Interior no se define por su erudición, sino por la hondura de su escucha. Estudia, sí, pero no para acumular saberes, sino para afinar su mirada, abrir su corazón, aprender a discernir. Importa más el criterio meditado que la acumulación de conocimientos o honores. La sabiduría no se impone: se revela en la humildad con que se reconoce la propia ignorancia. Hiram no alza la voz; simplemente actúa conforme a lo que es. El verdadero Maestro no impone verdades: las vive.

Siguiendo la descripción de Crónicas II (capítulos 3 y 4), podemos identificar nuestro itinerario constructivo interior con la obra atribuida a Hiram en el Templo.

El primer paso es delimitar ese terreno sagrado dentro de nosotros mismos: el espacio interior que requiere cuidado y adorno. Esto implica aplicar el "Conócete a ti mismo", reconociendo las sombras que nos habitan y los espacios aún no edificados. Delimitar ese terreno es comenzar a habitarse con conciencia.

Allí es donde Hiram lleva a cabo su obra constructiva. El Maestro trabaja en distintos ámbitos, con distintos materiales, cada uno símbolo de virtudes que debemos incorporar.

El vestíbulo del Templo fue revestido de oro, madera de ciprés y piedras preciosas. Estos materiales hablan de las cualidades interiores que deben adornar nuestra alma: el oro de la entrega y la caridad; el ciprés de la rectitud y elevación; las piedras preciosas de la sabiduría, la templanza, la valentía y la paciencia.

El *Sancta Sanctorum* medía veinte codos de largo, ancho y alto: un cubo perfecto. Esa forma encierra equilibrio, proporción, totalidad. En la tradición hebrea, el número veinte puede asociarse a plenitud y perfección. Este espacio simbólico representa el Templo interior que el Maestro ha de edificar: armónico, íntegro, centrado. No basta con levantar muros: hay que hacerlo con medida y consciencia. Solo así puede habitar en nosotros la Shekináh, la Presencia que no necesita altar, porque se manifiesta en la exactitud del alma transformada.

En el corazón del *Sancta Sanctorum*, donde reposaba el Arca de la Alianza, se alzaban dos querubines de madera de olivo, recubiertos de oro, con sus alas extendidas de muro a muro y tocándose en el centro. No eran decorativos, sino esenciales: custodiaban, con su sola presencia, el lugar más sagrado del Templo.

El Maestro Interior ve en ellos una imagen viva de su trabajo interior. La madera simboliza su humanidad: frágil, pero fértil. El oro evoca la luz de la conciencia que transforma lo cotidiano. Las alas que se tocan representan la reconciliación de los contrarios: escuadra y compás, rigor y compasión, pensamiento recto y sentimiento profundo. Vivir con las alas tocándose es vivir en unidad interior.

Pero más aún que su forma, es su posición la que habla al alma. Los querubines miran hacia dentro, no hacia el exterior. Se orientan hacia el Arca, hacia el Misterio. Nos recuerdan que no se entra en el *Sancta Sanctorum* para mostrarse, sino para recogerse. El Maestro que se ha ido construyendo piedra a piedra descubre que lo esencial no es lo visible, sino lo secreto.

Y entre las alas, en el espacio que nada ocupa y todo contiene, se manifiesta el Silencio. Ese vacío no es ausencia, sino fecundidad. Allí puede revelarse la Palabra Perdida, no como un sonido, sino como conciencia profunda. Los querubines son sus guardianes: custodian el espacio interior donde lo profano no puede penetrar. Simbolizan la vigilancia espiritual permanente.

Quien ha llegado a ese centro del alma comprende que la Maestría es una forma de presencia, una actitud humilde ante el Misterio. Los querubines no hablan ni se mueven: simplemente son. Y eso es, tal vez, lo más alto a lo que puede aspirar un Maestro Interior: ser, en silencio, como ellos.

No puedo omitir una mención a los velos de lino y púrpura que cubrían el *Sancta Sanctorum.* Cubrir el espacio sagrado es un acto de respeto. También en nosotros, el Maestro Interior ha de velar su centro con humildad, discreción y sencillez. No necesita exhibir su templo para saber que existe. No proclama su fe: la vive.

Y finalmente, las dos columnas: Boaz y Jakin, Fortaleza y Estabilidad. Una sin la otra carece de sentido. El Maestro es fuerte no por rigidez, sino por firmeza de propósito; estable no por inmovilidad, sino por equilibrio interior. Estas columnas son el portal por donde entra la acción justa.

La muerte de Hiram no es derrota, sino plenitud. Su desaparición simboliza la necesidad de que muera el hombre viejo —el que busca reconocimiento y poder— para que nazca el hombre nuevo: centrado, silencioso, servidor. La Palabra Perdida no es un sonido extraviado, sino la conciencia de que hay algo esencial que no puede poseerse, sino encarnarse.

Vivir desde el Maestro Interior es aceptar que la verdad no se alcanza como botín, sino que se habita como centro. Hiram no muere: se vuelve semilla.

Hiram Abif no es un recuerdo: es una promesa. Vive en cada uno que se atreve a construir en silencio, a guardar lo sagrado, a morir para renacer. Ser Maestro no es haber llegado al final, sino haber abrazado el Misterio como compañero de viaje. En la oscuridad del *Sancta Sanctorum*, entre los querubines silenciosos, el verdadero Maestro aprende a escuchar no la Palabra, sino el Silencio del que procede toda luz.

DONDE LATE LA MAESTRÍA: LA CÁMARA DEL MEDIO

En el R.E.A.A. nos referimos a la Cámara del Medio desde una doble perspectiva: por un lado, el lugar donde se reúnen los Maestros en tareas de debate, deliberación y para compartir trabajos. Y, por otro, como el hecho mismo del encuentro de los Maestros que, siguiendo las prescripciones ritualísticas, se constituyen en Cámara del Medio.

El origen de las referencias masónicas a esta Cámara, así como a la Escalera de Caracol, símbolo del ascenso espiritual, que conduce a ella, parten del texto bíblico contenido en I Reyes 6, 8: "*La puerta del aposento de en medio estaba al lado derecho de la casa; y se subía a él por una escalera de caracol y, de aquel, al tercero.*" Asimismo se halla otra alusión a ella en 2 Crónicas, 3, 9.

En el contexto de la masonería escocesa de finales del siglo XVII y comienzos del XVIII, el término "*Fellowcraft or Master*" designaba de forma conjunta a aquellos masones que, habiendo superado la etapa de aprendizaje, accedían al grado funcionalmente más completo dentro del taller. No existía todavía una diferenciación ritual nítida entre Compañero y Maestro, y la llamada "Cámara del Medio" representaba simbólicamente ese espacio reservado a quienes habían traspasado el umbral del aprendizaje y asumían ya responsabilidades de madurez, reflexión y transmisión del saber.

El grado de *fellowcraft or Master* consistía esencialmente en la comunicación de los *5 Puntos del Compañerismo*:

- *¿Cuántos son los puntos del Compañerismo?*

- *Cinco: pie, contra pie, rodilla contra rodilla, corazón a corazón, mano contra mano y oreja contra oreja*

Este saludo, presente en la entrada ritual en Escocia, correspondía evidentemente a lo que más tarde se conocerá en Francia, como *los 5 Puntos de la Maestría.*

Y Samuel Prichard, en su Masonería Diseccionada (1730) incluye este diálogo en el Grado de Compañero:

- P. – *¿Dónde recibíais vuestros salarios?*

- R. – *En la Cámara del medio.*

- P. – *¿Cómo llegasteis a la Cámara del medio?*

- R. – *A través del Atrio.*

- P. – *¿Cómo accedisteis a la Cámara del medio?*

- R. – *Por una escalera en espiral.*

Solo más tarde, con la consolidación del tercer grado y el surgimiento del mito de Hiram, se integrarán todas estas referencias en el grado de Maestro.

En base a la documentación de que disponemos, todo parece indicar que, en un primer momento, cuando aún no se había gestado el grado de Maestro (con posterioridad a 1730), la del Medio era la Cámara de Compañeros.

El texto de Prichard invita a considerar esta Cámara como algo propio del Grado de Compañero puesto que constituye un punto previo desde el que acceder al tercer piso, interpretable como el Tercer Grado. En función de dicho texto, podemos afirmar que la escalera de caracol tiene una proyección vertical por lo que, para subir por ella a una puerta que está en el lado derecho de la casa, su arranque ha de estar, necesariamente, también en el lado derecho, es decir, en la zona sur de nuestros templos, a Mediodía, lugar donde se ubican los Compañeros.

La Cámara del Medio simboliza el estadio intermedio entre la vida antigua y la futura, de la interiorización y el acceso reservado. Representa morir a los prejuicios y renacer a la sabiduría. La dificultad que representa su acceso al ascender mediante la escalera de caracol nos sugiere una imagen del paso del trabajo exterior (logia como espacio ritual) al espacio reservado para el discernimiento y la palabra del Maestro (Cámara del Medio como lugar de conocimiento reflexivo), un paso clave en la progresión iniciática mediante la maduración espiritual, que exige perseverancia y conciencia.

Como comentábamos al principio, esta Cámara se concibe como el lugar reservado a los Maestros para el estudio, deliberación y toma de decisiones, por lo que no tienen acceso a la misma ni Aprendices ni Compañeros, simbolizando con ello el espacio de armonía, madurez y responsabilidad con que han de tratarse los temas allí debatidos. En ella se concibe, expone y debate lo que se pretende que sea la marcha del Taller, aún cuando las decisiones más trascendentes y que afectan a todos los HH∴ deban exponerse, para su acuerdo y votación, en Cámara Abierta.

En este proceso, el Maestro cultiva la capacidad crítica y autocrítica, afina su rigor metodológico, rechaza prejuicios y pulsiones profanas, y pule su pensamiento mediante un lenguaje claro, preciso y eficaz.

Resulta natural y lógico que en ella se expongan los puntos de vista de cada uno de los MM∴, si bien cuidando siempre de que las posturas divergentes e, incluso, contrapuestas se expongan siempre sosteniendo la escuadra y el compás. La exposición razonada y bien argumentada, la palabra calma y el corazón abierto a las posiciones de todos los presentes resultan imprescindibles para que la Sabiduría, la Fuerza y la Belleza sean los cimientos de cualquier acuerdo.

Resulta el foro adecuado para exponer, no solo iniciativas, sino también las discrepancias que cada uno pudiera sentir en cuanto a la marcha del Taller e, incluso, respecto a la actitud de algún H.˙. con la que no se esté de acuerdo, situación que en absoluto debiera producirse fuera de esta Cámara y, mucho menos, en presencia de Aprendices y Compañeros.

Así como el corazón humano es el órgano que da impulso a la vida, distribuyendo la sangre a todo el cuerpo y manteniendo su equilibrio vital, la Cámara del Medio es también el centro pulsante de la Logia. No es un simple lugar de reunión ni una instancia burocrática: es el espacio simbólico donde la energía de la Obra se recoge, se ordena y se proyecta. Como el corazón, la Cámara del Medio late con un ritmo propio, resultado de la entrega silenciosa y constante de quienes la habitan con conciencia de su misión.

Cada decisión tomada en este espacio no es una mera resolución administrativa, sino una pulsación que alimenta a la totalidad del Taller. Cada palabra allí pronunciada —si es honesta, justa y serena— contribuye al equilibrio de la Logia entera. Del mismo modo que un corazón enfermo repercute en el deterioro general del cuerpo, una Cámara del Medio adormecida o corrompida arrastra consigo a la Logia entera hacia el letargo y la disolución. De su salud interior depende la fuerza vital del Taller.

Cuidar la vitalidad de la Cámara del Medio es cuidar el alma misma de la masonería. Es velar por su pulso, por su silencio fértil, por la calidad de sus decisiones. Es asegurar que el corazón simbólico de la Logia palpite en armonía con los principios que la sustentan, irradiando hacia todos sus miembros un influjo de rectitud, lucidez y fraternidad.

Por ello, cada Maestro está llamado a custodiar con celo este espacio. No con autoridad impuesta ni con ritos vacíos, sino con presencia viva y participación activa. Y una de las formas más nobles de hacerlo es compartiendo la luz conquistada, a través de la palabra pensada y escrita, mediante planchas que encarnen lo vivido y lo comprendido. Callar la experiencia interior es privar al Taller de una fuente de crecimiento. Quien ha recibido luz no debe ocultarla, sino convertirla en lámpara común.

Solo así, el latido de la Cámara del Medio será constante, profundo y verdadero. Y el corazón de la Logia —como un compás que pulsa desde el centro— continuará marcando el ritmo sagrado de la Obra, guiando nuestros pasos con armonía, sentido y luz.

LA CÁMARA DEL MEDIO: MI CORAZÓN COMO TEMPLO

La Cámara del Medio no es solo una cita bíblica del primer Libro de los Reyes o del segundo de las Crónicas. No alude tampoco solamente a un lugar en el Taller o al encuentro ritualístico de los Maestros de la Logia. Sería así si la concibiéramos únicamente a través de los sentidos corporales. Pero podemos también concebirla mirando hacia dentro de nosotros mismos, sintiéndola en nuestro interior.

Como dice el H∴ Marius Lepage en su libro "El Simbolismo", esta Cámara "*es el atanor herméticamente luchado en el que se cumple la gloriosa transmutación de los centros de conocimiento que pasan del cerebro al corazón, pues el conocimiento del corazón es la fuente de toda vida, la iluminación ante la que todo se repite en su justa grandeza, un reflejo de la Verdadera Luz, un eco de la Palabra Perdida*".

En el Templo de Salomón, la Cámara del Medio se encontraba muy cerca del Sancta Sanctorum. Y siendo, como somos, templos vivos, dicha Cámara debe constituir un arquetipo para todo Maestro, ya que ha de tener su espacio dentro de nosotros, pared con pared con lo más sagrado que habite en nuestro interior. Esa estancia es un estado del alma, una condición del corazón que se ha edificado paso a paso y a la que se accede a través de la Escalera de Caracol: una imagen del progreso espiritual, sinuoso y ascendente, constante y exigente.

La Escalera de Caracol es todo un símbolo que nos anima a la continuidad en nuestros propósitos. En su esencia, evoca el ascenso espiritual y la conexión entre lo terrenal y lo celestial. En muchas culturas, la escalera refleja la aspiración humana por trascender los límites físicos y alcanzar la unidad con lo divino o una mayor comprensión de la vida. La progresión del Maestro no termina con su exaltación, solo comienza. Llegar al Tercer Grado no es el final del viaje, sino el inicio de una etapa en la que se han colocado los muros y el techo de nuestra Cámara interior. Resta, como dice 2 Crónicas 3:9, recubrir todo ello de oro: una obra de orfebrería espiritual que exige delicadeza, entrega y tiempo.

No podemos olvidar que el mismo rito de Aumento de Salario a Segundo Grado es una invitación a trabajar de manera insistente para progresar en nuestra formación intelectual y moral. Las referencias a los cinco sentidos, a los cinco órdenes arquitectónicos, a las siete artes liberales o a los grandes pensadores no son sino una alegoría de ese "dar vueltas" a los mismos temas, alcanzando cada vez una comprensión más elevada. La escalera da vueltas sobre un mismo eje, pero cada peldaño superado nos eleva un poco más desde lo mundano hacia lo sagrado, desde la ignorancia hacia la sabiduría.

A través de esa escalera también se puede descender. Esta posibilidad nos recuerda que el camino del Maestro también exige humildad, revisión constante, renuncia a la arrogancia. Lo aprendido no es una joya para atesorar, sino una luz para compartir. El descenso, cuando es voluntario, nos permite acompañar a quienes se inician, ser guías serenos y discretos en los primeros tramos de la senda.

Habitar la Cámara del Medio implica vivir desde la centralidad. Como el ojo de Horus en el centro del Delta, como la letra G situada entre la escuadra y el compás, como nuestro corazón en medio del pecho. Es el lugar simbólico desde el que se generan nuestras emociones, nuestras decisiones, nuestras palabras. No un centro egoísta, sino un centro irradiador de equilibrio, silencio fecundo y discernimiento.

Frecuentar la Cámara del Medio implica un ejercicio de introspección habitual. Volver a ella es entrar en el silencio, en calma, para escuchar sin prejuicios, asumir con paz nuestras sombras, examinar el ego y afinar nuestras intenciones. Esa Cámara, si la cultivamos, puede convertirse en un espacio de revelación interior, en el que vislumbremos los rastros de la Palabra Perdida. El Maestro que se escucha a sí mismo desde el corazón puede acercarse, aunque sea parcialmente, a esa Luz velada que da sentido a su Búsqueda.

La Cámara del Medio, entendida así, es también el ámbito de la madurez espiritual. No se trata solo de un nivel más alto de instrucción, sino de una forma de estar en el mundo. La Cámara es actitud, no recinto. Es presencia serena, no autoridad. Es escucha profunda, no opinión ruidosa. Es servicio, no protagonismo. Quien habita esta Cámara en su interior sabe guardar silencio, respetar los ritmos, aceptar los procesos y actuar con intención limpia.

En este sentido, la Cámara del Medio es también una imagen del corazón como templo. Así como el corazón bombea la sangre a todo el cuerpo, esta Cámara interior puede ser el lugar desde el que fluye el sentido, la dirección y la energía de nuestras acciones. Si el corazón se enturbia, todo se desequilibra. Si la Cámara interior se llena de ruido, de urgencias, de juicios, de vanidad, la Obra también se desvirtúa. Cuidar esta Cámara es cuidar la fuente misma de nuestra acción masónica.

Hay otro aspecto que merece ser resaltado: la Cámara del Medio no se visita sólo en momentos de paz o plenitud. A veces, solo accedemos a ella en los tramos más difíciles del camino. Como los místicos que hallaban a Dios en la noche del alma, también nosotros podemos reconocer la Cámara interior cuando afuera todo se derrumba. Ella se convierte, entonces, en refugio, en cáliz que recoge nuestras lágrimas, en altar de lo esencial. El dolor, si se trabaja desde el corazón, puede convertirse en sabiduría. Y en esos momentos, la Cámara se ilumina con una luz que no es de este mundo.

No quiero concluir estas líneas sin recordar que, si esta Cámara late en nosotros, también podemos hacerla visible al exterior. No en la forma de discursos altisonantes, sino como expresión natural de una coherencia interior. Cuando un Maestro habla desde su Cámara del Medio, su palabra es clara, sencilla, precisa. No busca convencer, sino compartir. No impone, propone. No divide, une. Y cuando escribe desde esa Cámara, sus planchas son irradiaciones de lo vivido, no ensayos eruditos sin alma.

Quizá esa sea una de las tareas fundamentales de la Maestría: habitar nuestra propia Cámara del Medio, convertir el corazón en templo, y desde allí actuar en el mundo con la serenidad, la lucidez y la fraternidad que la Masonería espera de sus hijos.

Porque solo si el corazón es templo, la palabra será sagrada. Y solo si la Cámara del Medio vive en nosotros, nuestra acción será verdaderamente masónica.

EL MAESTRO Y EL TIEMPO

Sabiduría sin reloj

El tiempo es, quizá, el bien más democrático que existe: todos, sin excepción, disponemos de veinticuatro horas cada día. Sin embargo, lo que hacemos con ese tiempo y, sobre todo, cómo lo habitamos, marca la diferencia entre vivir con conciencia o simplemente existir.

En la mitología griega, el tiempo fue concebido como una realidad plural. A través de **Cronos, Kairós y Aión** —dioses o personificaciones simbólicas— los antiguos expresaban las distintas cualidades del tiempo: el que devora, el que revela y el que permanece.

Cronos, padre de Zeus, era el dios del tiempo secuencial, el que avanza con regularidad, el que mide, separa, calcula. Es el tiempo físico, el que encerramos en relojes y calendarios. Cada tic-tac es un instante que se nos escapa, un paso más hacia el ocaso de la existencia. En su dimensión profana, Cronos se vuelve tiránico: nos empuja a la productividad, a la urgencia, al vértigo de los objetivos que se suceden sin pausa. "El tiempo es oro", "el tiempo vuela", "no tengo tiempo"... son expresiones que revelan nuestra sumisión a esta fuerza inexorable. En masonería, lo reconocemos cuando hablamos de épocas, de fechas, de cronologías: es el Cronos de la Historia.

Kairós, por el contrario, es el tiempo de la oportunidad, del instante significativo que irrumpe y puede cambiar el curso de los acontecimientos. Es el tiempo cualitativo, subjetivo, el que no se mide en minutos, sino en intensidad y revelación. Se le representaba como un joven con alas en los pies y un solo mechón de cabello en la frente: había que atraparlo por los pelos al paso, porque una vez marchado ya era demasiado tarde. El Maestro debe aprender a reconocerlo, sin dejarse arrastrar por la impaciencia ni paralizar por la duda. Porque Kairós no espera: simplemente pasa. Y solo quien está presente, atento, disponible, puede acogerlo.

Aión, por último, representa el tiempo eterno, cíclico, interior. No es lineal ni fugaz: es el tiempo del alma, el que no se mide, sino que se contempla. Es el fluir silencioso de la vida cuando ésta es vivida con sentido. Aión es el símbolo del tiempo sagrado, de la conciencia que madura lentamente, como la piedra que pule el agua con infinita paciencia. Nos habla desde dentro, desde la vocación, desde la fidelidad a una obra que no busca el éxito inmediato, sino la coherencia interior. Aión es el guardián del tiempo iniciático.

En masonería, el tiempo se transforma en símbolo, en ciclo, en ritmo espiritual. No lo medimos con relojes, sino con estaciones, con grados, con palabras, con silencios. Abrimos nuestros trabajos "cuando el Sol está en su cenit" y los cerramos "cuando ha concluido su carrera", más allá de las horas profanas. Cada apertura es una nueva creación; cada cierre, un retorno al centro de nosotros mismos.

El Aprendiz vive el tiempo del silencio, del inicio, de la espera paciente. El Compañero, el de la búsqueda, del trabajo activo, del deseo de saber. El Maestro, sin embargo, entra en el tiempo de la comprensión. No corre, no persigue, no improvisa. Vive en el tiempo del sentido, no de la prisa.

El Maestro auténtico no mide su progreso por la cantidad de oficios que desempeña, ni por la amplitud de sus conocimientos, ni por las planchas que escribe, ni por el número de reuniones a las que asiste. Su verdadera medida es la profundidad de su mirada, la serenidad de su actuar, la coherencia de su pensar. Vive, como decía San Agustín, no en el tiempo exterior, sino en el "presente del pasado" (la memoria), el "presente del presente" (la atención) y el "presente del futuro" (la esperanza).

Habitar ese tiempo requiere una disposición interior. No se trata de gestionar mejor el reloj, sino de sintonizar con otro compás, más profundo y más real: el compás del alma. El Maestro sabe que las grandes transformaciones no se precipitan, sino que germinan en la oscuridad, como la semilla en la tierra. Repite el gesto, la palabra y el silencio, hasta que su luz interior se enciende. Su labor es lenta, meticulosa, como la del escultor sobre la piedra ya desbastada. Cada instante es una oportunidad de perfección, porque no hay "tiempo perdido" si hay conciencia.

Cuando el Maestro interior acoge a Aión, cultiva el silencio fecundo que permite escuchar la voz serena de su vocación profunda, esa que no busca metas exteriores, sino que halla sentido en el propio acto de obrar en el presente. Así, cada gesto se convierte en obra consciente, sin necesidad de reloj ni de recompensa.

Y si aprende a reconocer la presencia fugaz de Kairós, podrá desprenderse de sus juicios profanos y abrirse al instante sagrado en el que lo inesperado se revela como oportunidad iniciática. Porque solo desde la quietud y la vigilancia puede captarse el instante justo, el momento que no vuelve, el que cambia el rumbo de la obra. No se trata de atraparlo, sino de estar listo para recibirlo.

La sabiduría del Maestro consiste en no ser esclavo del tiempo, pero tampoco en ignorarlo. No se trata de "perder el tiempo", sino de habitarlo con plenitud. Como dice un viejo adagio iniciático: *"Todo llega para quien sabe esperar, pero sabe también prepararse en el silencio"*. Por eso no corre, no teme, no posterga: trabaja cuando es tiempo de trabajar, calla cuando es tiempo de callar y actúa cuando es tiempo de actuar.

En este sentido, el tiempo del Maestro no es lineal ni finito: es una espiral creciente, como la escalera que conduce a la Cámara del Medio. Cada vuelta parece repetir el camino anterior, pero en realidad asciende. Lo vivido se convierte en experiencia; lo comprendido, en sabiduría; lo compartido, en legado.

El Maestro que ha comprendido el tiempo ya no vive atrapado entre el pasado que lo arrastra ni el futuro que lo angustia. Vive en el presente que transforma. Su reloj es el del espíritu. Su agenda, el ritmo de su conciencia.

Así, mientras los relojes del mundo marcan incesantes su paso, el Maestro aprende a moverse en otro tiempo: un tiempo sin prisas, sin exigencias, sin recompensa inmediata. Un tiempo interior donde cada instante es semilla, cada silencio espacio fértil y cada gesto —si es consciente y verdadero— vale por una eternidad.

Porque quien sabe habitar el presente sin miedo, quien aprende a caminar con el ritmo de Aión, quien escucha la llamada fugaz de Kairós y no se deja arrastrar por la voracidad de Cronos, ese ha comprendido el misterio del tiempo… y comienza, por fin, a comprender el misterio de sí mismo.

EL SUSURRO DEL MAESTRO

Soy plenamente consciente de los compromisos que adquirí cuando fui exaltado como Maestro. Y no me refiero solo a los juramentos prestados frente a la Orden, sino a los compromisos adquiridos conmigo mismo. Ni tuve entonces ni tengo ahora la convicción de "haber llegado" a ningún sitio, pero sí que, como los bienes de dominio público, mis compromisos han adquirido la triple condición de inalienables, imprescriptibles e inembargables. Eran, y son, por tanto, compromisos personales, perpetuos, intransferibles.

A veces, y hasta diría que con frecuencia, me pregunto sobre mi vida, sobre mi actividad como masón. Soy consciente de mi viaje iniciático, del que sé que nunca tendrá fin. Y me cuestiono si los vacilantes pasos con los que recorro este camino, ya en la Maestría, van en la dirección correcta. Procuro estar atento al alba, cuando el sol alumbra desde el Oriente; activo cuando alcanza su meridiano, porque los ojos de mi mente se van cubriendo ya de esas cataratas que vienen con la edad, y la luz del mediodía proporciona mayor nitidez a los fondos y a las formas. E intento aprovechar las luces del ocaso para deleitarme en la belleza de cuanto me rodea, tratando de identificar entre las sombras incipientes mis propias sombras, tantas veces ignoradas o rechazadas y que hoy trato de asumir con paz y tolerancia.

Me siento interpelado con inusitada fuerza por el lema *"conócete a ti mismo"* y se me ha hecho una evidencia —nada lacerante a estas alturas de mi vida— la sentencia socrática:

"solo sé que no sé nada". Quizá por ello siento un cierto apremio por aprender a conocerme y examinarme, tratando de llenar, de algún modo, las extensas lagunas que me adornan.

Siento una insaciable necesidad de leer, reflexionar y poner por escrito las respuestas que me parece ir encontrando a mis preguntas. Y, siendo la **coherencia** la más importante de las virtudes de las que quisiera verme revestido, me pregunto con frecuencia sobre mi rectitud de intención, asunto que siempre me ocupa.

Las múltiples cadenas que decoran mi mandil de Maestro simbolizan la pluralidad de vicios y pasiones frente a los que debo estar atento. Ninguna exaltación, por solemne que haya sido, me ha vuelto inmune a ellos. Pero sí me ha hecho más consciente de su presencia, de su acción y de mi responsabilidad ante ellos.

Creo que al final de mis días en este Oriente temporal deberían caracterizarme **la discreción, el silencio, el espíritu de servicio y la delicadeza**. Son dimensiones que no se imponen ni se exhiben: se viven, se cultivan y se siembran sin esperar cosecha. Habitualmente como persona, pero siempre, siempre como Maestro.

No entiendo la discreción como mera reserva o circunspección, sino como sensatez para evaluar con justicia y tacto para compartir lo evaluado con benevolencia. Reconozco como un ejercicio difícil vivir situaciones en las que, sintiéndote parte, debas ser objetivo. Es humano y natural que, al emitir un juicio, nos sintamos arrastrados, si no por los intereses personales, sí por los propios sentimientos. Es, como digo, humano y natural… pero en el mundo profano. Porque si, como proclamamos, somos templos vivos, si en nuestro interior existe una Cámara del Medio, como la que estaba situada junto al *Sancta Sanctorum*, si verdaderamente sentimos que somos un microcosmos surgido por la generación del Uno, entonces nuestra actuación debería ser reflejo de la Unicidad y de lo sagrado.

Tampoco entiendo el silencio como un mero abstenerse de hablar o de comunicar, sino como la ausencia de ruido al hacerlo. Creo que comunicamos nuestro silencio cuando compartimos lo que nos hace latir más íntimamente. Y deberíamos tenerlo fácil, porque cuando estamos en el Templo, sea en Logia, ágape o encuentro fraternal, nuestra palabra no debería alterar la armonía del lugar ni del momento.

Ese silencio no es vacío, sino escucha. Es el silencio fértil que precede a la palabra justa, a la mirada limpia, al gesto oportuno. Es el que nos permite captar lo no dicho, intuir lo que duele al otro, entender lo que no se formula. El Maestro que calla, sin replegarse, se hace presente desde otro lugar, desde una hondura invisible pero palpable.

También creo que al Maestro debe caracterizarle su espíritu de servicio. Y si desempeña un oficio, con mayor razón. Y a más alto oficio o mayor cualificación del mismo, mayor debería ser ese espíritu. Mantengo que uno solo es dueño de algo cuando tiene la capacidad y la disposición de darlo, de entregarlo de un modo absolutamente "G"ratuito, con la "G" mayúscula que adorna nuestro emblema masónico.

No es fácil servir sin ser notado, pero es ahí donde se prueba el temple del verdadero Maestro. El que limpia sin ruido, ayuda sin sermones, colabora sin títulos. El que no espera agradecimientos ni aplausos porque su alimento no es el reconocimiento, sino la coherencia con lo que cree y siente.

La delicadeza debe ser el recubrimiento de oro y piedras preciosas con que el Maestro Hiram adornó el Templo de Salomón y la Cámara del Medio. Nuestra discreción, silencio y servicio deben ser ofrecidos con la mano amable que da sin imponer, que entrega sin reclamar, que observa sin juzgar.

La delicadeza es la forma más alta de fuerza. Solo quien se conoce en profundidad, y se perdona sin indulgencia, es capaz de mirar con misericordia. Solo quien ha descendido a sus propias sombras puede comprender la fragilidad del otro.

Estas reflexiones me marcan un camino, me indican por dónde debo ir. Pero cada mañana, al abrir los ojos, sabiéndome en el umbral de la Maestría, me pregunto si he dado ya, siquiera, el primer paso... o si aún me encuentro, solamente, pensando cómo debo hacerlo.

Y cada mañana alcanzo a escuchar un leve susurro que sale de mí mismo, casi imperceptible pero obstinado, como el eco de un Maestro interior que me dice: *"Todo está por hacer. Y todo es posible. Calla. Observa. Sirve. Transforma. Que no se note que estás... pero que se note que estuviste."*

Porque el verdadero Maestro no es aquel que se hace ver, sino aquel cuya huella queda sin haber sido impuesta. No es quien dirige con autoridad, sino quien inspira con su ejemplo silencioso. No es quien acalla a los demás, sino quien sabe escuchar sin juicio. No es quien exige respeto, sino quien lo despierta por su presencia discreta, su servicio humilde y su delicadeza luminosa.

Y así, sin ruido, sin prisa, sin alarde, **el susurro del Maestro** se hace semilla. Semilla que germina donde nadie mira, pero que, al florecer, embellece el mundo.

POR LAS DIEZ PUERTAS DEL ÁRBOL DE LA VIDA

Peregrinaje iniciático del maestro hacia la corona

La muerte de Hiram, personalizada y hecha propia por quien está a punto de recibir la Maestría, no es un hecho aislado ni una simple dramatización ritual. Es un símbolo mayor: la muerte iniciática, que solo cobra sentido en un proceso posterior de ascenso, liberación y transformación espiritual.

La resurrección no es un retorno al estado anterior: quien ha descendido a la tumba no puede volver igual que entró. Desde ese instante comienza un viaje ascendente, atravesando diez puertas que corresponden a las sefirot del Árbol de la Vida, hasta alcanzar *Kéter*: la unión con la Fuente, la conciencia plena, la trascendencia absoluta.

En cada puerta se deja atrás un apego y se adquiere una virtud, avanzando paso a paso en la construcción del Templo interior.

Primera puerta: MALJUT – El Reino

En la Cábala, *Maljut* es el mundo físico, la manifestación plena, el territorio donde se experimenta la vida encarnada.

En Masonería, simboliza la vida profana y social del Maestro, el terreno de sus posesiones, relaciones y seguridades.

Aquí, la muerte iniciática exige soltar la ilusión de que lo material es el verdadero dominio. El apego a la seguridad, al confort y a la identidad social se desvanece.

La virtud que se adquiere es el desapego: usar la materia como medio, no como fin.

Imagen: el Maestro, como Hiram en su tumba, abandona el viejo yo que vivía solo para el mundo exterior.

En la tradición cristiana, este paso recuerda al *desasimiento* de Santa Teresa; en el hinduismo, al desapego del *Muladhara chakra* para iniciar el ascenso.

Liberado de esta ilusión, puede dirigirse a la segunda puerta, donde se purifica la energía que sostiene la vida.

Segunda puerta: YESOD – El Fundamento

Yesod es la base invisible que sustenta lo visible: instintos, energía vital, pulsión de vida.

En la lectura masónica, representa el cuerpo y sus necesidades, la fuerza que alimenta la Obra.

El apego a vencer es la dependencia de los impulsos y del placer como fin en sí mismo.

La virtud a adquirir es el autocontrol, orientando la energía vital hacia propósitos superiores.

Imagen: la purificación de la sangre de Hiram antes de ser levantado.

En el sufismo, este paso recuerda la purificación del *nafs* (ego inferior); en el yoga, la sublimación de la energía vital (*kundalini*) hacia centros más altos.

Cuando la energía se orienta hacia lo alto, la siguiente puerta se abre: la del intelecto y la palabra.

Tercera puerta: HOD – Gloria / Esplendor

En la Cábala, *Hod* es el esplendor de las palabras y del pensamiento, el prestigio intelectual y la comunicación brillante.

En Masonería, alude a la tentación de destacar por el saber ritual o la elocuencia.

El apego que se deja es la necesidad de ser admirado o aplaudido.

La virtud que se asume es la humildad intelectual, el servicio silencioso.

Imagen: el Maestro que calla mientras otros esperan sus palabras.

En el budismo, este paso recuerda el *Recto Habla* del Noble Óctuple Sendero; en la Regla de San Benito, al voto de silencio como camino de humildad.

Libre del brillo vano, puede enfrentarse a la cuarta puerta, donde el deseo de victoria es puesto a prueba.

Cuarta puerta: NETZAJ – Victoria / Eternidad

Netzaj simboliza la conquista, la persistencia y el triunfo exterior.

En el plano masónico, refleja la ambición de logros externos, de dejar huella reconocida.

El apego a soltar es la ambición personal que busca gloria mundana.

La virtud a abrazar es la humildad activa: la victoria sobre el propio ego.

Imagen: la victoria que consiste en dejar pasar la gloria para servir en lo oculto.

En el *Bhagavad Gītā*, Krishna enseña que la mayor victoria es sobre uno mismo; en el bushidō japonés, la maestría implica servir sin buscar reconocimiento.

Tras esta rendición, el camino conduce al corazón mismo del Árbol.

Quinta puerta: TIFERET – Belleza / Armonía

En la Cábala, *Tiferet* es el centro del Árbol, la unión equilibrada del rigor y la misericordia.

En Masonería, es el estado de armonía interior, donde la vida y la obra se entrelazan como arte.

El apego a trascender es la rigidez o el sentimentalismo desequilibrado.

La virtud que se cultiva es la visión integradora, el equilibrio con uno mismo y con los demás.

Imagen: el punto central de la escuadra, donde convergen el rigor y la misericordia.

En el cristianismo, Tiferet se asocia a la plenitud de Cristo como unión de justicia y amor; en el hinduismo, al chakra del corazón (*Anahata*) donde florece la compasión.

Desde aquí, el camino asciende hacia la fuerza que pone orden.

Sexta puerta: GEVURÁ – Fuerza / Rigor

Gevurá es la disciplina, la justicia, la capacidad de poner límites.

En Masonería, representa la voluntad firme de corregir desviaciones internas y mantenerse fiel al método iniciático.

El apego que se abandona es la dureza excesiva o la indulgencia ciega.

La virtud que se adquiere es el discernimiento justo, aplicable tanto a uno mismo como a los demás.

Imagen: el brazo que sostiene el mazo para tallar la piedra.

En el estoicismo, corresponde a la *andreia* (valentía serena); en el zen, al golpe del *kyosaku* que despierta al monje adormecido.

Una vez templada la fuerza, la séptima puerta se abre hacia la misericordia.

Séptima puerta: JESED – Misericordia / Amor

En la Cábala, *Jesed* es el amor expansivo, la benevolencia universal.

En Masonería, simboliza la fraternidad sincera y la compasión incondicional.

El apego a soltar es la tendencia a dar solo a los cercanos o esperar algo a cambio.

La virtud a abrazar es el amor que fluye sin condiciones.

Imagen: la mano abierta que da sin contar lo que entrega.

En el budismo mahayana, este amor es *karuṇā* (compasión) hacia todos los seres; en el islam, es el *rahma* (misericordia) que todo lo abarca.

Desde esta apertura, la octava puerta introduce a la inteligencia profunda.

Octava puerta: BINÁ – Entendimiento / Inteligencia

Biná es la comprensión profunda, el discernimiento que ve lo oculto bajo lo aparente.

En Masonería, es la inteligencia que interpreta el sentido simbólico y moral.

El apego que se deja es el literalismo: quedarse en la letra muerta del ritual.

La virtud a adquirir es la capacidad de encontrar la verdad tras las formas.

Imagen: la piedra cúbica perfecta, fruto del trabajo consciente y metódico.

En la tradición hindú, esto es *viveka*, el discernimiento entre lo real y lo ilusorio; en la filosofía griega, es *phronesis*, sabiduría práctica.

Este entendimiento prepara el salto hacia la sabiduría pura.

Novena puerta: JOJMÁ – Sabiduría

En la Cábala, *Jojmá* es la visión directa y global de la realidad, la intuición pura.

En Masonería, es la sabiduría práctica que fluye de la experiencia y el autoconocimiento.

El apego a dejar es creer que acumular conocimientos equivale a ser sabio.

La virtud a abrazar es vivir conforme a principios universales sin esfuerzo.

Imagen: la luz directa que ilumina sin filtros.

En el taoísmo, corresponde a vivir en armonía con el *Tao*; en la mística cristiana, al don de sabiduría del Espíritu Santo.

Con esta visión, se alcanza la última puerta.

Décima puerta: KÉTER – Corona

Kéter es la unidad con la Fuente, la conciencia plena, la trascendencia absoluta.

En Masonería, es la verdadera Maestría: la resurrección de Hiram, el Maestro levantado que contempla la Obra desde el centro de la Luz.

El apego final a dejar es la identificación con un "yo" separado.

La virtud suprema es el estado en que todo acto expresa la Voluntad Superior.

Imagen: el Maestro que, ya unido al Uno, comprende que este no es el final, sino el inicio de una nueva espiral (escalera de caracol).

En el hinduismo, este estado corresponde al *Sahasrara chakra*; en el sufismo, al *fana'*, disolución en la Realidad divina.

Epílogo: El regreso al Taller

El Maestro que ha recorrido estas diez puertas no vuelve a la Logia como partió.

Trae en sus manos la medida de su propio ser y en su corazón la certeza de que la Corona no se lleva sobre la cabeza, sino en la forma de vivir y servir.

El viaje de la tumba a la Luz es, en verdad, un continuo retejarse a sí mismo, hasta que todo el Templo interior quede terminado.

LA ENFERMEDAD COMO CAMINO INICIÁTICO

Todo lo que nos ocurre, si sabemos leerlo, puede ser revelación

Hay vivencias que, al irrumpir en nuestra vida, nos despojan de lo accesorio y nos sitúan, sin escapatoria, ante lo esencial. La enfermedad, cuando es grave y se manifiesta de forma inesperada, tiene ese poder: sacude los cimientos sobre los que creíamos firme nuestra existencia, desplaza nuestras prioridades y nos invita —o empuja— a mirar dentro.

Podemos resistirnos, maldecir, huir o adormecernos en la queja. O podemos mirar esa enfermedad con ojos de Aprendiz, escucharla con oídos de Compañero, y transformarla con manos de Maestro. He optado por lo segundo.

Porque la Masonería no me ha ofrecido certezas ni consuelos fáciles, sino herramientas. No me ha prometido inmunidad frente al dolor, pero me ha enseñado a dar sentido al sufrimiento. Por eso hoy, en el umbral de esta nueva etapa vital, trazo estas líneas como un intento de releer mi experiencia de enfermedad a la luz del simbolismo iniciático. Como un camino hacia lo más profundo de mí mismo, y —ojalá— como una antorcha, aunque sea pequeña, para otros.

LA CÁMARA DE REFLEXIÓN: PRUEBA DE LA TIERRA

La noticia de una enfermedad seria es como un descenso abrupto a una caverna interior. Allí no hay más compañía que uno mismo y el eco del silencio. Lo primero que se tambalea es la ilusión de control. Lo que ayer era seguro hoy se ha vuelto bruma. El tiempo se desacelera, las palabras de los médicos parecen provenir de un mundo ajeno, y uno solo quiere despertar de ese mal sueño.

Y sin embargo, es ahí, en esa oscuridad, donde empieza el verdadero trabajo. Allí resuenan las palabras del VITRIOL, como una llamada: *"Visita el interior de la tierra y rectificando encontrarás la piedra oculta"*. La enfermedad me ha hecho descender a ese interior. Y al hacerlo, me ha confrontado con mi finitud, mis miedos, mis resistencias… y también con un núcleo de sentido que permanece.

La Cámara de Reflexión se ha hecho real: la sal del cuerpo agotado, el azufre del pensamiento turbio, la calavera que recuerda la impermanencia. Pero también, al fondo, una llama tenue que no se extingue. Es la chispa del Alquimista interior que comienza su trabajo.

EL APRENDIZ HERIDO

Como Aprendiz, reviví las pruebas iniciáticas en carne y espíritu. *La copa de libaciones* se presentó como la aceptación de una realidad ineludible: hay algo que está cambiando, y ya no hay vuelta atrás.

El Aire se tornó confuso: pensamientos dispersos, ansiedad, necesidad de comprender. ¿Por qué a mí? ¿Qué he hecho? Pero también, entre las ráfagas del pensamiento, una brisa de serenidad comenzó a abrirse paso.

El Agua vino en forma de lágrimas, no solo mías, también de quienes me quieren. Pero esa agua limpia, purifica, arrastra lo viejo. Me permitió aceptar mi vulnerabilidad, sin vergüenza.

El Fuego trajo momentos de rebelión, miedo y rabia. Pero como el crisol del herrero, también templó mi voluntad: estoy aquí, dispuesto a cruzar este umbral.

Y la Tierra, una vez más, me recordó que hay que arar y sembrar incluso en el desierto. La enfermedad ha sido mi campo estéril, pero también mi promesa de cosecha.

LOS CINCO VIAJES DEL COMPAÑERO

El Compañero no teme explorar. Sabe que no todo está dicho, que el camino se hace al andar y que la experiencia —aunque dolorosa— es una maestra fecunda.

En el primer viaje, mis ***sentidos*** se agudizaron. La mirada atenta a los rostros en las salas de espera; el oído presto a captar palabras de ánimo o diagnóstico; el tacto dolido y presente; el gusto metálico de los medicamentos; el olor áspero de los desinfectantes… Todo ello me ancló en lo real, en lo concreto. El cuerpo habla y el alma escucha.

El segundo viaje me invitó a rediseñar mi templo interior. ¿Qué columnas sostienen ahora mi vida? ¿Qué proporciones deseo para esta nueva etapa? Tal vez el derrumbe de una parte de mi templo sea la oportunidad de edificar uno más armonioso, más bello, más fiel a quien soy. La enfermedad ha sido una llamada al ***orden arquitectónico*** de mi alma.

En el tercer viaje, ***las artes liberales*** vinieron a mi auxilio. La lectura serena, la música que consuela, la palabra poética que nombra lo innombrable… todo ello me ha sostenido. Ya no busco solo comprender: ahora quiero transformar.

El cuarto viaje me llevó a dialogar con ***los sabios***. El estoicismo me ofreció su templanza; los místicos, su entrega;

los filósofos, su pregunta constante. Ellos me recordaron que no soy el primero ni seré el último en enfrentar esta travesía. Y que el sentido no se encuentra, se construye.

El quinto viaje fue el más revelador: ***el trabajo*** no cesa. La enfermedad no detiene la Obra. Al contrario, la reorienta. He vuelto al tajo con otra conciencia. Esta piedra, aún rugosa, será tallada. La ***libertad*** del Compañero es ahora más radical: puedo elegir cómo vivir este proceso. El trabajo continúa.

EL MAESTRO Y LA MUERTE SIMBÓLICA

Hiram Abif cae. Su obra queda suspendida. Pero no muere en vano: su caída es semilla de una comprensión más honda. Yo también he sentido el golpe, el asalto, la interrupción. Pero la Maestría no consiste en evitar la caída, sino en trascenderla.

He comprendido que parte de mí ha de morir: una vida anterior, ciertas ilusiones de invulnerabilidad, hábitos, prioridades… Y he comprendido también que todo ello forma parte de la obra mayor. Como el Ave Fénix, he sentido el fuego abrasador de la pérdida, pero también la promesa de renacimiento.

Mi cuerpo ha sido el sepulcro, pero también el crisol. Como el Templo de Salomón, ha sufrido alteraciones. Pero la piedra descartada por los arquitectos puede ser, aún, piedra angular.

Hay un susurro que resuena en la Cámara del Medio: *"Todo lo que ocurre puede conducir a la Unidad si lo vives con conciencia"*. El Maestro invisible, que habita en mí, se ha hecho más presente que nunca.

LA FUSIÓN CON EL UNO

La enfermedad me ha mostrado que no soy invencible, aunque tampoco indefenso. Que hay una dimensión de mi ser que no enferma, no se desgasta, no muere. Esa dimensión es el Uno que me habita.

Y así como el *Hieros Gamos* simboliza la unión sagrada de los opuestos, siento que mi yo herido y mi yo sagrado se han abrazado. La fractura ha dado paso a la integración. Ya no hay batalla, sino fusión.

El Alquimista interior no cesa su tarea: cada día destila sentido del dolor, oro del plomo de la incertidumbre. Y aunque el proceso es lento, sé que el fuego no solo destruye: también transfigura.

Hoy no puedo decir que "agradezco" la enfermedad, pero sí que me esfuerzo en no desaprovecharla. No la he elegido, pero la asumo como parte del camino. Y si algo he aprendido en este proceso es que todo lo que se vive con conciencia, humildad y coraje, puede convertirse en luz.

Esta enfermedad, con su rostro abrupto, me ha abierto puertas que no sabía que existían. No sé cuánto durará el trayecto, ni con qué fuerzas contaré. Pero sí sé una cosa: la Obra continúa, y aún queda mucho por construir.

GEOMETRÍA INTERIOR Y CONDUCTA DEL MASÓN

Entre los múltiples significados que la tradición ha atribuido a la letra G, hay uno que atraviesa silenciosamente toda la enseñanza iniciática: la Geometría. No entendida únicamente como ciencia de las formas visibles, sino como un lenguaje simbólico que invita al masón a ordenar su vida según principios de armonía, proporción y verdad interior.

La Geometría no pertenece solo al ámbito de los números ni al cálculo de las distancias. En su dimensión más profunda, expresa la aspiración humana a descubrir un orden que trasciende la apariencia cambiante del mundo. Desde tiempos antiguos, los constructores vieron en ella la clave que permite levantar edificios duraderos; la masonería especulativa la convirtió en imagen de una arquitectura más sutil: la construcción del propio ser.

Cuando el masón contempla la Geometría desde esta perspectiva simbólica, comprende que cada línea trazada no es solo una forma exterior, sino una invitación a la rectitud interior. La línea recta sugiere dirección y coherencia; el círculo evoca totalidad y unidad; el triángulo recuerda la necesaria armonía entre pensamiento, voluntad y acción. Así, la Geometría se convierte en una pedagogía silenciosa que enseña a vivir con medida.

No se trata de trasladar al plano moral una rigidez matemática, sino de descubrir en la precisión geométrica un espejo del equilibrio que el masón busca en su propia conducta. El hombre tiende a los extremos: o bien se aferra a una rigidez que lo endurece, o bien se dispersa en una libertad sin medida. La Geometría simbólica propone un equilibrio entre ambas tendencias. La recta nace del punto, y la firmeza solo alcanza su plenitud cuando se armoniza con la flexibilidad.

En ese sentido, la Geometría puede entenderse como una escuela de discernimiento. Enseña que cada acción tiene consecuencias, que cada decisión modifica el trazado del camino y que toda construcción exige tiempo, paciencia y exactitud. Nada sólido se edifica sobre el azar. Del mismo modo, la vida masónica no se sostiene sobre impulsos pasajeros, sino sobre una progresiva toma de conciencia que ordena el pensamiento y ennoblece el gesto cotidiano.

La tradición iniciática ha visto siempre en la Geometría un puente entre el mundo visible y un orden más profundo que no siempre se muestra a los sentidos. El masón aprende así a mirar más allá de la superficie, a reconocer que la verdadera medida de las cosas no reside en su apariencia inmediata, sino en la coherencia que las sostiene. Este aprendizaje no conduce a la abstracción estéril, sino a una forma más consciente de estar en el mundo.

Aplicada a la conducta, la Geometría invita a vivir con proporción. Proporción entre palabra y silencio, entre acción y contemplación, entre firmeza y comprensión. Una palabra desmedida rompe la armonía del conjunto; una acción sin reflexión puede desviar el trazado interior. El trabajo del masón consiste precisamente en ajustar esas líneas invisibles que configuran su manera de pensar, de sentir y de actuar.

Desde esta mirada, la letra G deja de ser un simple signo para convertirse en una llamada constante a la coherencia.

Recordar la Geometría es recordar que cada gesto participa de una construcción mayor. No hay acto pequeño cuando se comprende que todo contribuye al equilibrio del edificio común. La vida entera se vuelve entonces un ejercicio de alineación interior: enderezar lo torcido, pulir lo áspero, armonizar lo disperso.

Pero esta búsqueda de rectitud no debe confundirse con la perfección rígida. La Geometría viva no es un esquema frío, sino un movimiento constante hacia el equilibrio. Como las figuras que se transforman sin perder su esencia, el masón está llamado a evolucionar sin renunciar a su centro. La verdadera rectitud no es inflexibilidad, sino fidelidad a una orientación profunda que se va revelando con el tiempo.

En esa orientación se descubre también una dimensión ética. La Geometría enseña que todo exceso termina por desestabilizar la construcción. Del mismo modo, la vida masónica exige prudencia, humildad y sentido de la medida. El conocimiento adquirido no es un privilegio que se posea, sino una responsabilidad que se encarna. Cada avance interior implica una mayor conciencia del deber hacia los demás.

Por eso, interpretar la letra G como Geometría conduce inevitablemente a una actitud de servicio. El masón no estudia para aislarse en una torre intelectual, sino para ofrecer al mundo una presencia más justa y más serena. La verdadera sabiduría no se proclama; se reconoce en la manera de vivir. Cuando la conducta se vuelve coherente con los principios que se contemplan, la Geometría deja de ser un concepto y se convierte en experiencia.

Tal vez por eso la tradición insiste en que el conocimiento auténtico debe ir acompañado de gratuidad. Todo lo recibido —enseñanzas, símbolos, luces— procede del trabajo acumulado de quienes nos precedieron.

Comprender la Geometría interior implica reconocer esa herencia y transmitirla sin apropiación, con la misma generosidad con que fue ofrecida. La letra G recuerda así que el masón no es dueño del saber que custodia, sino servidor de una cadena viva que lo trasciende.

Al final, la Geometría simbólica no propone un modelo cerrado, sino una orientación constante. Invita a vivir con conciencia, a medir antes de actuar, a construir sin violencia y a mantener siempre abierta la posibilidad de aprender. La verdadera medida del masón no está en la exactitud de sus palabras, sino en la armonía silenciosa de su presencia.

Porque la G no se posee: se encarna. Y solo cuando la Geometría interior se convierte en conducta viva puede decirse que el símbolo ha dejado de ser una figura para transformarse en camino.

MAESTRÍA Y VIDA PROFANA

Ser templo en el mundo

El grado de Maestro podría inducir a pensar que el itinerario iniciático alcanza su culminación en el interior del Templo. Sin embargo, si algo he comprendido con el paso del tiempo es que la verdadera prueba de la Maestría no se produce bajo la bóveda estrellada, sino fuera de ella.

El rito eleva, conmueve y transforma; pero la vida cotidiana examina.

Ser Maestro no consiste únicamente en haber atravesado una ceremonia ni en conocer el simbolismo que la acompaña. Consiste, sobre todo, en dejar que ese simbolismo modele la conducta diaria. De poco serviría haber descendido al silencio de la Cámara del Medio si, al regresar al mundo profano, reaccionamos con la misma impulsividad, el mismo orgullo o la misma falta de mesura que antes.

El Templo es espacio de preparación; la vida es espacio de verificación.

El Maestro aprende que la Maestría no es un título, sino una responsabilidad. No es una distinción honorífica, sino una exigencia interior. Nadie le concede autoridad moral por el mero hecho de haber recibido el grado; esa autoridad se construye, día a día, mediante la coherencia entre lo que se proclama y lo que se vive.

En este sentido, la expresión "ser templo en el mundo" adquiere pleno significado. El Templo no puede reducirse a un recinto delimitado por columnas visibles. Si el simbolismo ha sido interiorizado, cada acción se convierte en acto ritual, cada decisión en piedra colocada con mayor o menor precisión, cada palabra en instrumento de construcción o de deterioro.

He comprobado que la vida profana ofrece innumerables ocasiones para ejercer esa Maestría silenciosa. En el ámbito familiar, en el profesional, en el social. Allí donde surgen desacuerdos, tensiones o conflictos, el Maestro está llamado a actuar con mesura, sin exhibicionismo, pero con firmeza ética.

No se trata de imponer criterios ni de presentarse como ejemplo. La Maestría no necesita proclamarse; se manifiesta en la forma de escuchar, en la capacidad de ponderar antes de responder, en la serenidad ante la crítica, en la disposición a reconocer el propio error.

Si el Aprendiz aprende a callar y el Compañero a comprender, el Maestro debe aprender a integrar. Integrar conocimientos, experiencias, fracasos y logros en una actitud equilibrada. El mundo profano no es enemigo del iniciado; es su campo de trabajo permanente.

Ser templo en el mundo implica trasladar a la vida ordinaria los valores que en Logia se exaltan. La rectitud simbolizada por la escuadra, la medida sugerida por el compás, la verticalidad recordada por la plomada, dejan de ser herramientas alegóricas para convertirse en criterios de conducta.

En ocasiones, la tentación puede ser compartimentar: una actitud en el Taller y otra distinta fuera de él. Pero esa división erosiona la autenticidad. El verdadero Maestro no puede desdoblarse. Su palabra y su acción deben guardar continuidad.

La coherencia no significa perfección. Significa intención constante de alineamiento entre principios y actos. Significa revisar las propias reacciones, reconocer desviaciones y corregirlas sin dramatismo. Significa aceptar que la construcción interior nunca está concluida.

Hay momentos en que el entorno profano puede resultar áspero o incluso hostil. En esos casos, la serenidad adquirida en el trabajo interior se convierte en recurso esencial. El Maestro aprende a no reaccionar impulsivamente, a no dejarse arrastrar por provocaciones, a distinguir entre lo importante y lo accesorio.

Ser templo en el mundo no implica aislamiento ni superioridad moral. Implica responsabilidad discreta. Nadie tiene por qué conocer la pertenencia iniciática de quien actúa con rectitud; basta con que perciba su ecuanimidad.

El mundo necesita menos discursos y más coherencia. La Maestría auténtica no se proclama; se ejerce. No se exhibe; se encarna. Cada gesto justo, cada decisión ponderada, cada actitud reconciliadora es una piedra más en la edificación invisible del Templo interior.

En este sentido, la vida profana no es una distracción del camino iniciático, sino su prolongación natural. Allí se revela si el símbolo ha sido comprendido o simplemente memorizado. Allí se prueba si la muerte simbólica ha dado lugar a un hombre nuevo o solo ha quedado como recuerdo ritual.

Ser templo en el mundo exige vigilancia interior. Las circunstancias externas cambian, pero el compromiso con la propia conciencia debe mantenerse firme. El Maestro no es infalible; es responsable. No es superior; es consciente de su deber.

Quizá la verdadera Maestría consista en eso: en mantener viva la llama recibida, no para iluminarse a sí mismo, sino para aportar claridad allí donde la vida cotidiana lo requiera. En actuar con rectitud incluso cuando nadie observa. En recordar que el Templo más exigente no es el de piedra, sino el de la propia conciencia.

Cuando comprendo esto, el límite entre vida iniciática y vida profana se diluye. Todo se convierte en ocasión de aprendizaje y de servicio. Y entonces la Maestría deja de ser un grado alcanzado para convertirse en una actitud permanente.

LA AUTORIDAD DEL MAESTRO

Poder sin dominio

Hablar de autoridad en el grado de Maestro puede resultar incómodo. La palabra "poder" arrastra connotaciones de imposición, dominio o jerarquía rígida. Sin embargo, el simbolismo de la Maestría no puede eludir esta cuestión: todo crecimiento interior conlleva una forma de autoridad, aunque no siempre sea visible.

El Maestro no recibe un cetro ni un trono. No se le confiere supremacía sobre los demás. Lo que se le confía es algo más sutil y más exigente: responsabilidad.

La autoridad auténtica no nace del grado alcanzado, sino de la coherencia mantenida. No procede del reconocimiento externo, sino de la firmeza interior. Por eso puede afirmarse que la autoridad del Maestro es, ante todo, autoridad sobre sí mismo.

Quien no gobierna sus impulsos difícilmente puede orientar a otros. Quien no domina su propia reacción ante la crítica, la frustración o el desacuerdo, no posee verdadera autoridad, aunque ostente un cargo. El primer ámbito de ejercicio del poder es el propio carácter.

En el mundo profano, el poder suele entenderse como capacidad de influir, decidir o imponer. En el ámbito iniciático, el poder adquiere un significado distinto: es capacidad de sostener la rectitud incluso cuando nadie observa. Es dominio del ego, no dominio de personas.

La autoridad del Maestro no se ejerce levantando la voz, sino afinando el criterio. No consiste en imponerse, sino en ofrecer orientación cuando es solicitada. La firmeza no exige dureza; la claridad no necesita agresividad.

El poder sin dominio es una de las lecciones más delicadas de la Maestría. El riesgo de utilizar el conocimiento adquirido como instrumento de superioridad es real. El símbolo puede convertirse en arma si se emplea para humillar o desacreditar. El Maestro debe vigilar esta tentación con especial atención.

El verdadero poder se manifiesta en la contención. En saber cuándo hablar y cuándo callar. En distinguir entre corregir y herir. En preferir convencer antes que imponer.

Existe una autoridad que nace del ejemplo. No necesita proclamarse porque se percibe. Quien actúa con equilibrio, justicia y serenidad genera confianza. Esa confianza es la forma más alta de autoridad, pues no se basa en el temor, sino en el respeto.

El Maestro que ejerce poder sin dominio comprende que cada persona atraviesa su propio proceso. No acelera innecesariamente el crecimiento ajeno ni exige resultados prematuros. Sabe que la transformación interior no se impone; se acompaña.

La autoridad iniciática tampoco es indiferencia. No significa renunciar a señalar errores cuando es necesario. Pero incluso la corrección debe realizarse desde el respeto y la intención constructiva. El objetivo no es vencer, sino edificar.

En mi experiencia, la autoridad más difícil es la que se ejerce sobre uno mismo en momentos de tensión. Cuando la crítica hiere, cuando el desacuerdo incomoda, cuando el reconocimiento esperado no llega. En esos instantes se revela si el poder interior está consolidado o si depende todavía del aplauso externo.

La Maestría invita a desapegarse del deseo de protagonismo. No porque el Maestro deba ocultarse, sino porque su valor no depende del reconocimiento constante. Quien necesita imponerse para sentirse válido aún no ha comprendido la naturaleza del verdadero poder.

Hay una autoridad silenciosa que se percibe en la coherencia sostenida en el tiempo. No es espectacular ni ruidosa. Se construye en decisiones pequeñas y constantes. Esa autoridad inspira sin necesidad de discursos.

El Maestro aprende también a reconocer los límites de su influencia. No todo puede cambiarse, no todo depende de su intervención. Saber retirarse cuando corresponde es una forma elevada de poder. El dominio no consiste en abarcarlo todo, sino en discernir el alcance de la propia responsabilidad.

En este sentido, el poder sin dominio se aproxima a la idea de servicio. El Maestro no busca ampliar su esfera de control, sino contribuir al equilibrio del conjunto. Su autoridad se orienta al bien común, no a la afirmación personal.

El simbolismo nos recuerda que toda construcción exige firmeza en la base y precisión en la medida. La autoridad del Maestro debe apoyarse en principios claros y aplicarse con mesura. Demasiada rigidez fractura; demasiada laxitud debilita. El equilibrio es la clave.

Con el tiempo he comprendido que la autoridad auténtica no necesita imponerse porque se fundamenta en la integridad. Quien actúa con rectitud constante genera un espacio de confianza a su alrededor. Esa confianza es la expresión más noble del poder.

Tal vez la enseñanza más profunda sea esta: el Maestro no domina; se domina. No gobierna; se gobierna. Y en esa disciplina interior encuentra la única autoridad legítima.

Cuando el poder se ejerce sin dominio, deja de ser amenaza para convertirse en guía. Y entonces la Maestría revela su dimensión más ética: no elevarse por encima de los demás, sino sostener con firmeza el propio eje interior.

MAESTRÍA Y VULNERABILIDAD

¿Puede un Maestro mostrarse débil?

Existe una imagen tácita del Maestro que puede resultar engañosa: la del hombre firme, seguro, equilibrado, siempre dueño de sí mismo. El simbolismo del tercer grado habla de reconstrucción, de firmeza ante la adversidad, de fidelidad hasta el extremo. Todo ello podría inducir a pensar que la Maestría equivale a fortaleza imperturbable.

Pero la experiencia enseña algo más matizado: la verdadera fortaleza no excluye la vulnerabilidad; la integra.

La pregunta, por tanto, no es si el Maestro puede mostrarse débil, sino qué significa realmente esa debilidad. Si entendemos por debilidad la incapacidad de asumir responsabilidades o la renuncia al propio compromiso, entonces sería incompatible con la Maestría. Pero si hablamos de vulnerabilidad como reconocimiento de los propios límites, de las propias heridas y fragilidades, entonces no solo es compatible, sino necesaria.

El grado de Maestro no elimina la condición humana. No convierte al iniciado en ser infalible ni lo preserva de la enfermedad, del error o del sufrimiento. La ceremonia no suprime la fragilidad; la ilumina.

Durante mucho tiempo puede existir la tentación de ocultar la debilidad. Mostrar dudas, cansancio o inseguridad puede parecer incompatible con la dignidad del grado. Sin embargo, el intento de proyectar una imagen de perfección termina siendo contraproducente. La máscara pesa y, tarde o temprano, se resquebraja.

La vulnerabilidad reconocida no disminuye al Maestro; lo humaniza. Permite que su autoridad no se apoye en la apariencia de invulnerabilidad, sino en la autenticidad. Quien acepta sus límites no necesita fingir superioridad.

Reconocer la propia fragilidad exige más valentía que sostener una apariencia de fortaleza. Implica admitir que el proceso de construcción interior no está concluido. Que aún quedan aristas por pulir, reacciones por moderar, orgullos por domesticar.

El simbolismo de la muerte iniciática contiene una enseñanza profunda en este sentido. La caída, la pérdida y el despojamiento forman parte del camino. No hay reconstrucción sin fractura previa. No hay resurgimiento sin experiencia de límite.

El Maestro que ha atravesado simbólicamente la muerte comprende que la vulnerabilidad no es derrota, sino tránsito. La herida puede convertirse en fuente de comprensión. El dolor asumido puede transformarse en compasión hacia los demás.

En la vida profana, las situaciones de fracaso o enfermedad ponen a prueba esta comprensión. Es fácil hablar de equilibrio cuando las circunstancias son favorables; más difícil es mantener serenidad cuando la realidad hiere. En esos momentos, la vulnerabilidad se hace visible.

La cuestión es cómo se vive esa vulnerabilidad. Puede derivar en resentimiento o en aprendizaje. Puede cerrar al individuo sobre sí mismo o abrirlo a una comprensión más amplia de la condición humana.

El Maestro no está llamado a negar el sufrimiento ni a ocultarlo bajo un discurso grandilocuente. Está llamado a integrarlo sin perder su eje interior. A reconocer la fragilidad sin convertirla en excusa.

Existe una diferencia sutil entre debilidad y humildad. La debilidad paraliza; la humildad reconoce límites y sigue avanzando. La vulnerabilidad bien asumida conduce a la humildad. Permite aceptar ayuda, escuchar consejo y rectificar sin sentir que se pierde dignidad.

He comprobado que, en ocasiones, la vulnerabilidad compartida con prudencia fortalece los vínculos. Cuando el Maestro reconoce que también atraviesa dudas o dificultades, deja espacio para que otros se sientan comprendidos. La perfección impostada distancia; la humanidad aproxima.

Esto no significa convertir la fragilidad en exhibición. La discreción sigue siendo virtud necesaria. No toda dificultad debe exponerse públicamente. Pero tampoco debe ocultarse sistemáticamente hasta convertirse en carga insoportable.

La Maestría madura aprende a sostener un equilibrio delicado: firmeza sin rigidez, apertura sin desprotección. Saber cuándo mostrarse fuerte y cuándo admitir cansancio. Saber cuándo orientar y cuándo escuchar.

En el fondo, la vulnerabilidad recuerda al Maestro que su autoridad no procede de una supuesta superioridad, sino de la experiencia vivida. Quien ha atravesado la fragilidad con honestidad adquiere una comprensión más profunda de la condición humana.

Quizá por eso la verdadera fortaleza no consiste en no caer nunca, sino en levantarse con mayor conciencia. No en no dudar jamás, sino en buscar la verdad incluso en medio de la incertidumbre.

La Maestría no es un estado de invulnerabilidad, sino una actitud de responsabilidad ante la propia fragilidad. Reconocerla no disminuye la dignidad del grado; la purifica.

Cuando el Maestro acepta que también es vulnerable, deja de competir con una imagen idealizada de sí mismo. Se reconcilia con su proceso. Y esa reconciliación le permite ejercer su función con mayor equilibrio y autenticidad.

Tal vez la pregunta inicial pueda reformularse así: ¿puede un Maestro mostrarse humano? Si la respuesta es afirmativa —y debe serlo—, entonces la vulnerabilidad no es obstáculo, sino parte del camino.

TRANSMITIR SIN IMPONER

La pedagogía silenciosa

Uno de los riesgos más sutiles que acompañan a la Maestría es la tentación de convertirse en instructor permanente. Tras años de estudio, reflexión y experiencia ritual, puede surgir la inclinación a explicar, corregir o dirigir de manera constante. Sin embargo, la verdadera transmisión iniciática no se apoya en la imposición, sino en la irradiación.

Transmitir no es imponer. Es sugerir sin forzar, orientar sin dominar, ofrecer sin exigir adhesión.

La pedagogía del Maestro no se asemeja a la del profesor que imparte lecciones cerradas. Se aproxima más a la del jardinero que prepara la tierra, cuida el entorno y respeta el ritmo de crecimiento de cada planta. No puede acelerar la germinación sin dañarla; solo puede crear condiciones favorables.

El conocimiento iniciático no se transmite como un contenido teórico. Se encarna y se contagia. La coherencia sostenida, la actitud equilibrada, la manera de escuchar y responder enseñan más que cualquier discurso elaborado.

En muchas ocasiones, el silencio educa más que la palabra. No porque el Maestro deba callar siempre, sino porque su intervención debe ser medida. Cuando habla demasiado, corre el riesgo de sustituir la experiencia del otro por su propia interpretación. Cuando guarda silencio oportuno, permite que el hermano recorra su propio proceso.

Transmitir sin imponer exige confianza. Confianza en que cada iniciado posee capacidad de discernimiento y evolución. Confianza en que el tiempo y la experiencia irán revelando lo que hoy puede parecer oscuro.

Existe una diferencia fundamental entre orientar y dirigir. Orientar implica señalar posibles caminos, dejando espacio para la elección. Dirigir implica determinar el trayecto. La pedagogía iniciática se inclina por lo primero.

El Maestro no debe olvidar que él mismo recorrió etapas de incertidumbre. Hubo símbolos que tardó en comprender, gestos que solo adquirieron sentido con el paso del tiempo. Recordar ese proceso personal ayuda a evitar la impaciencia ante el ritmo ajeno.

La imposición suele nacer del ego: del deseo de demostrar conocimiento o de consolidar autoridad. La transmisión auténtica, en cambio, brota del servicio. No busca reconocimiento, sino crecimiento del otro.

En la vida profana, la tendencia a imponer criterios es frecuente. Se confunde firmeza con rigidez, claridad con intransigencia. El Maestro está llamado a ejercer una forma distinta de influencia: firme en principios, flexible en métodos.

Transmitir sin imponer no significa relativizarlo todo ni renunciar a la verdad. Significa comprender que la verdad no se introduce a la fuerza; se descubre. El símbolo no se explica por completo; se sugiere y se medita.

La pedagogía silenciosa del Maestro se apoya en el ejemplo. Si habla de rectitud pero actúa con doblez, su discurso pierde fuerza. Si proclama tolerancia pero descalifica, su enseñanza se vacía. La coherencia es el principal vehículo de transmisión.

He observado que las palabras que más perduran no son siempre las más elaboradas, sino las que están respaldadas por una vida congruente. El Maestro enseña cuando actúa con justicia en situaciones concretas, cuando mantiene serenidad en el conflicto, cuando reconoce un error sin excusas.

Hay momentos en que la palabra es necesaria. Callar por sistema tampoco es virtud. La clave está en discernir cuándo intervenir y cuándo permitir que la experiencia hable por sí misma. La intervención oportuna, breve y clara puede iluminar más que una larga disertación.

Transmitir sin imponer implica también aceptar que no todos aceptarán la orientación ofrecida. El Maestro no controla la respuesta del otro. Su responsabilidad termina en la honestidad de su intención y en la claridad de su exposición.

Esta actitud exige desapego. Si la enseñanza se convierte en necesidad de reconocimiento, pierde su pureza. El Maestro no transmite para ser admirado, sino para contribuir.

En el fondo, la pedagogía iniciática se asemeja al trabajo simbólico con las herramientas. No se talla la piedra del otro; se le muestra cómo hacerlo. No se realiza su labor; se le acompaña mientras la realiza.

La transmisión más fecunda es la que deja espacio. Espacio para la duda, para la reflexión, para el error y la rectificación. La precipitación por cerrar procesos puede frustrar aprendizajes que requieren maduración.

Transmitir sin imponer es, en definitiva, un acto de humildad. Supone reconocer que uno no posee la totalidad del conocimiento y que cada hermano puede aportar perspectivas nuevas. La Maestría no clausura el aprendizaje; lo amplía.

Cuando la enseñanza se ejerce desde esta perspectiva, la autoridad se vuelve natural. No necesita imponerse porque se percibe. El Maestro se convierte entonces en referencia no por lo que exige, sino por lo que inspira.

Tal vez esa sea la esencia de la pedagogía silenciosa: enseñar sin invadir, orientar sin dominar, acompañar sin sustituir. En ese equilibrio se manifiesta una de las formas más nobles de la Maestría.

COMPÁS Y CÍRCULO

El centro y el límite

Entre las herramientas simbólicas que acompañan al iniciado, pocas poseen una fuerza tan sugerente como el compás. No solo delimita espacios; establece un orden. No solo traza líneas; define relaciones.

Cuando el compás dibuja un círculo, crea algo más que una figura geométrica. Establece un centro y un límite. Y entre ambos se desarrolla la vida.

El punto central representa aquello que somos en lo más íntimo: conciencia, voluntad, núcleo interior. La circunferencia delimita el ámbito en el que nuestra acción puede desplegarse. Más allá de ella comienza el espacio ajeno, el territorio que no nos pertenece.

Esta sencilla imagen contiene una enseñanza ética de gran alcance.

El Maestro está llamado a reconocer su propio centro. Sin un centro definido, la vida se dispersa. Las opiniones externas, las presiones del entorno y los impulsos momentáneos sustituyen al criterio interior. El compás recuerda la necesidad de anclar la conducta en un eje firme.

Pero tan importante como el centro es el límite. El círculo no es una expansión indefinida; es una medida. Marca hasta dónde llega nuestra competencia, nuestra responsabilidad, nuestra influencia legítima.

En la vida profana, la confusión entre centro y periferia genera muchos conflictos. Se invade el espacio ajeno, se opina sin conocimiento suficiente, se pretende corregir lo que no corresponde. El compás enseña que la expansión sin medida termina deformando la figura.

El Maestro no debe aspirar a ocupar todo el espacio. Debe aprender a respetar el límite que delimita su acción. Este respeto no es renuncia, sino conciencia de proporción.

El verdadero dominio comienza por gobernar el propio círculo antes de pretender intervenir en el de otros. Es más sencillo señalar defectos ajenos que examinar con rigor las propias reacciones. El compás invita a dirigir la mirada hacia el interior antes de proyectarla hacia fuera.

Existe además una dimensión dinámica en esta figura. El círculo puede ampliarse o reducirse. A medida que crece la comprensión, el ámbito de responsabilidad se expande. Pero esa expansión debe producirse de manera orgánica, no por imposición.

La medida adecuada es la que surge del conocimiento y la experiencia, no del deseo de protagonismo. Un círculo trazado con apertura excesiva pierde estabilidad; uno demasiado cerrado impide el desarrollo.

El equilibrio consiste en ajustar la apertura del compás a la realidad de cada momento.

El simbolismo del centro remite también a la estabilidad interior. Cuando el punto se desplaza, el círculo se deforma. Si el Maestro pierde su eje —por orgullo, temor o resentimiento— su conducta se vuelve irregular. El mantenimiento del centro exige vigilancia constante.

En ocasiones, las circunstancias externas pueden sacudir ese punto interior. La crítica, el fracaso o la enfermedad pueden desplazarlo momentáneamente. Pero la Maestría se manifiesta en la capacidad de retornar al centro, de recomponer la figura.

El círculo recuerda asimismo que no estamos solos. Cada persona traza su propio ámbito de acción. Los círculos pueden intersectarse, colaborar, influirse. Pero ninguno debe absorber por completo al otro.

Respetar el círculo ajeno implica aceptar diferencias, ritmos distintos y perspectivas diversas. No todos comparten el mismo centro ni la misma medida. La convivencia exige reconocer esa pluralidad sin diluir la propia identidad.

Muchos conflictos surgen cuando alguien pretende imponer su círculo como único válido. El Maestro, en cambio, busca armonizar sin uniformar. Mantiene su eje, pero no niega el del otro.

Existe también una dimensión espiritual en esta figura. El centro puede entenderse como el lugar donde la conciencia se encuentra con lo trascendente. Desde ese punto se ordena el resto. Si el centro se llena de ruido o dispersión, el círculo pierde sentido.

El compás no solo delimita; invita a la introspección. ¿Dónde está mi centro? ¿Qué ocupa ese punto interior? ¿Qué fuerzas lo desplazan? Estas preguntas no son teóricas; afectan a la conducta diaria.

La vida moderna tiende a fragmentar la atención. El centro se multiplica en pequeñas preocupaciones dispersas. Recuperarlo exige silencio, reflexión y disciplina.

El círculo, por su parte, invita a reconocer límites saludables. No todo depende de nosotros, no todo está bajo nuestro control. Aceptar esta realidad libera de cargas innecesarias y previene frustraciones estériles.

Tal vez una de las enseñanzas más profundas del compás sea esta: la libertad auténtica no es expansión ilimitada, sino expansión consciente dentro de una medida justa.

Cuando el Maestro aprende a vivir desde su centro y dentro de su círculo, su acción adquiere coherencia. No invade ni se retrae excesivamente. No se dispersa ni se encierra.

El compás y el círculo dejan entonces de ser símbolos abstractos para convertirse en criterio práctico. Cada decisión, cada intervención, cada silencio puede evaluarse a la luz de esa figura: ¿actúo desde mi centro? ¿respeto el límite adecuado?

En ese ejercicio constante se manifiesta una Maestría discreta pero firme. Una Maestría que no busca abarcarlo todo, sino ordenar lo que le corresponde.

LOS OTROS MAESTROS

Reconocer la maestría en quienes no portan mandil

El grado de Maestro podría inducir, si no se vive con vigilancia interior, a una forma sutil de exclusividad. La pertenencia a una tradición iniciática y la participación en sus ritos pueden generar la impresión de que la verdadera sabiduría se encuentra únicamente dentro de sus límites visibles.

Sin embargo, la experiencia enseña algo distinto: la Maestría no es patrimonio exclusivo de quienes portan mandil.

Existen hombres y mujeres que, sin haber atravesado un rito formal, viven con una rectitud, una coherencia y una profundidad que encarnan auténticas lecciones de Maestría. Reconocerlo no disminuye el valor de la iniciación; lo engrandece.

El simbolismo iniciático proporciona un lenguaje, un método y una estructura para el crecimiento interior. Pero el crecimiento mismo no se limita a esa estructura. La vida ofrece múltiples caminos de maduración.

A lo largo de mi vida he comprendido que el mundo está lleno de "otros Maestros": personas que, desde su trabajo cotidiano, su responsabilidad familiar o su compromiso social, actúan con integridad y serenidad. No hablan de símbolos ni de ritos, pero encarnan principios universales.

Reconocer esa maestría exterior exige humildad. Si el Maestro iniciado cree que su grado le sitúa automáticamente en un nivel superior, corre el riesgo de cerrar los ojos a lecciones valiosas que llegan desde fuera del Templo.

La verdadera Maestría no teme aprender. Al contrario, mantiene la disposición a reconocer sabiduría allí donde se manifieste.

He observado que, en ocasiones, la vida profana ofrece ejemplos silenciosos de fortaleza ante la adversidad, de generosidad sin cálculo, de coherencia sin alarde. Esos comportamientos constituyen auténticas enseñanzas, aunque no estén revestidas de simbolismo formal.

La pertenencia iniciática no otorga monopolio sobre la virtud. Otorga, más bien, una responsabilidad adicional: la de ser coherente con el camino elegido y la de reconocer la verdad cuando se manifiesta fuera de los propios límites.

Existe una tentación de separar con nitidez el ámbito "iniciado" del "profano", como si el primero concentrara la luz y el segundo permaneciera en penumbra. Pero esa división simplifica en exceso la realidad. La luz no pertenece a una institución; se manifiesta donde encuentra disposición.

El Maestro que reconoce la maestría en otros amplía su horizonte. Deja de medir la sabiduría por la pertenencia formal y comienza a valorarla por la calidad de vida y de conducta.

Esto no significa diluir la especificidad iniciática. El rito conserva su sentido y su profundidad. Pero su finalidad no es crear élites cerradas, sino formar hombres capaces de reconocer la verdad en todas sus expresiones.

Escuchar a quien piensa distinto, observar a quien actúa con coherencia sin proclamarla, y aceptar que el crecimiento interior adopta múltiples formas, enriquece la propia comprensión del camino.

En ocasiones, la sabiduría se manifiesta en personas sencillas, alejadas de discursos elaborados. Su ejemplo puede resultar más elocuente que largas exposiciones teóricas. La serenidad ante la dificultad, la justicia en el trato, la fidelidad a la palabra dada constituyen signos de Maestría vivida.

Reconocer a los otros Maestros no implica idealizar ni romantizar. Todos compartimos fragilidades y contradicciones. Pero sí invita a mantener una actitud abierta y respetuosa ante la experiencia ajena.

El Maestro iniciado debe preguntarse si su conducta fuera del Templo refleja aquello que admira en los demás. No basta con identificar ejemplos admirables; es preciso integrar sus enseñanzas.

Existe además una dimensión ética en esta apertura. Quien reconoce la valía del otro reduce la tentación del sectarismo. Comprende que la verdad puede expresarse con lenguajes distintos y que el diálogo enriquece más que la exclusión.

En un mundo fragmentado por identidades cerradas y polarizaciones rígidas, esta actitud adquiere especial relevancia. La Maestría no consiste en encerrarse en un círculo autosuficiente, sino en interactuar con respeto y discernimiento.

Esta disposición amplía el propio círculo interior. El reconocimiento sincero del valor ajeno fortalece la humildad y previene el orgullo espiritual. Recordar que siempre hay algo que aprender preserva la frescura del camino.

Tal vez una de las pruebas más sutiles de la Maestría consista en esto: no perder la capacidad de admirar. No dejar que el conocimiento acumulado opaque la disposición a sorprenderse ante la virtud vivida.

El Maestro no se mide por la cantidad de símbolos que interpreta, sino por la calidad de su mirada. Una mirada capaz de reconocer la luz allí donde brilla, incluso fuera de los límites visibles del Templo.

Cuando comprendemos esto, la iniciación deja de ser frontera y se convierte en puente. Puente hacia una humanidad más amplia, hacia una comprensión más inclusiva de la sabiduría.

Y entonces la Maestría revela una dimensión silenciosa pero profunda: la de saber aprender incluso de quienes nunca han pronunciado la palabra "Maestro".

MÁS ALLÁ DEL TERCER GRADO

Existe una percepción extendida según la cual el tercer grado constituye la culminación del itinerario simbólico. Tras atravesar la experiencia de la pérdida y la reconstrucción, el iniciado alcanza la Maestría. Podría pensarse entonces que el camino ha llegado a su término.

Sin embargo, la verdadera enseñanza del grado es otra: el final es, en realidad, un umbral.

La Maestría no clausura la búsqueda; la redefine. No entrega respuestas definitivas; despierta preguntas más profundas. El simbolismo del tercer grado no ofrece una conclusión cerrada, sino una invitación a continuar explorando.

El conocimiento iniciático no se agota en la comprensión de un rito. El rito es lenguaje, método, puerta. Pero la travesía que se abre tras ella no está delimitada por un número ni por una estructura formal. Se despliega en el interior de la conciencia.

Más allá del tercer grado no significa necesariamente ascender en una jerarquía visible. Significa profundizar en la responsabilidad que la Maestría implica. Significa asumir que la reconstrucción simbólica no es acto puntual, sino proceso permanente.

La experiencia central del grado —la pérdida de la Palabra— contiene en sí misma una enseñanza infinita. La Palabra no se entrega como objeto recuperado; permanece velada, insinuada, buscada. Esa búsqueda es, precisamente, el horizonte que se abre.

El Maestro no recibe una verdad acabada; recibe la tarea de seguir buscándola.

Este horizonte exige una actitud distinta. Ya no se trata solo de aprender símbolos, sino de encarnarlos con mayor coherencia. Ya no basta con comprender intelectualmente; es necesario integrar existencialmente.

Más allá del tercer grado comienza una etapa de interiorización más silenciosa. El protagonismo disminuye, la reflexión se hace más honda, el lenguaje más sobrio. La construcción se vuelve menos visible y más íntima.

El conocimiento iniciático madura cuando deja de ser acumulación de interpretaciones y se convierte en transformación del carácter. El verdadero avance no se mide por lo que se sabe, sino por lo que se es capaz de vivir.

En este sentido, el horizonte que se abre tras la Maestría es ético antes que especulativo. Invita a una vigilancia interior más exigente. Si el Aprendiz aprende disciplina y el Compañero amplía comprensión, el Maestro debe cultivar discernimiento.

Discernir implica distinguir entre lo esencial y lo accesorio, entre lo permanente y lo circunstancial. Exige paciencia, prudencia y una cierta renuncia al impulso de poseer respuestas inmediatas.

He advertido que el conocimiento profundo se acompaña de mayor humildad. Cuanto más se avanza en la comprensión de los símbolos, más se percibe su inagotable riqueza. La certeza rígida cede paso a una confianza serena.

Más allá del tercer grado no hay necesariamente revelaciones espectaculares. Hay trabajo constante, reflexión silenciosa y una responsabilidad creciente hacia uno mismo y hacia los demás.

El horizonte se amplía también en la relación con el mundo. La Maestría deja de ser experiencia interior aislada para convertirse en criterio de actuación. Cada decisión cotidiana adquiere un matiz nuevo cuando se contempla desde la conciencia ampliada.

Existe además una dimensión de transmisión implícita. El Maestro que continúa buscando inspira a otros a no detenerse en la superficie. No ofrece atajos ni simplificaciones, sino ejemplo de perseverancia.

El camino que se abre no es lineal ni exento de retrocesos. Hay momentos de claridad y momentos de oscuridad. Pero incluso la oscuridad puede convertirse en espacio de aprendizaje si se afronta con honestidad.

Tal vez el mayor riesgo tras alcanzar la Maestría sea la complacencia. Creer que el grado alcanzado garantiza estabilidad definitiva. El horizonte iniciático se oscurece cuando se pierde la actitud de búsqueda.

Más allá del tercer grado se encuentra, en realidad, la profundización del propio centro. La conciencia se vuelve más atenta, la responsabilidad más consciente, el compromiso más interiorizado.

He llegado a pensar que el auténtico avance iniciático no consiste en subir peldaños visibles, sino en descender con mayor sinceridad al interior de uno mismo. Allí donde las apariencias pierden importancia y la coherencia se convierte en único criterio.

El tercer grado no es techo, sino puerta. No es clausura, sino apertura. No es meta, sino punto de inflexión.

Cuando se comprende esto, la Maestría deja de ser título y se convierte en itinerario permanente. El horizonte no se define por estructuras externas, sino por la profundidad con la que se vive cada etapa.

Y entonces el camino continúa, no por ambición de ascenso, sino por fidelidad a la búsqueda.

LA OBRA INACABADA

Construir sin concluir

Si algo he aprendido a lo largo del itinerario iniciático es que toda construcción permanece abierta. La idea de una obra concluida pertenece más al deseo humano de certeza que a la realidad del proceso interior.

Desde el primer golpe de mazo sobre la piedra bruta hasta la reflexión madura del Maestro, el símbolo insiste en la misma enseñanza: se trabaja, se avanza, se corrige... pero no se concluye.

La tentación de creer que un grado alcanzado equivale a una meta definitiva es comprensible. Necesitamos hitos, señales que indiquen progreso. Sin embargo, el camino iniciático no se deja reducir a una línea que termina en un punto fijo. Es más bien una espiral que vuelve una y otra vez sobre los mismos temas con mayor profundidad.

El Aprendiz inicia la tarea convencido de que la piedra puede llegar a pulirse por completo. Con el tiempo comprende que cada arista eliminada revela otra más sutil. La perfección absoluta se desplaza siempre un paso más allá.

El Compañero amplía su horizonte y cree vislumbrar la estructura general de la construcción. Pero pronto descubre que el conocimiento adquirido abre preguntas nuevas y que cada respuesta parcial invita a una reflexión más exigente.

El Maestro, tras atravesar simbólicamente la pérdida y la reconstrucción, podría pensar que ha alcanzado la estabilidad.

Sin embargo, incluso la reconstrucción es provisional. El Templo interior requiere vigilancia constante.

La obra permanece inacabada porque el ser humano es proceso. No existe un momento en que pueda afirmar con certeza que su carácter está plenamente formado o que su discernimiento ha alcanzado plenitud.

Lejos de ser motivo de desaliento, esta constatación es fuente de humildad y libertad. Si la obra estuviera concluida, la vida perdería su dinamismo. El reconocimiento de la inacabada construcción mantiene viva la actitud de búsqueda.

La imperfección no es fracaso, sino condición de crecimiento. Cada error detectado, cada reacción desmedida reconocida, cada debilidad asumida se convierte en ocasión de ajuste. La obra no avanza en línea recta; progresa a través de correcciones.

Existe también una dimensión colectiva en esta enseñanza. El Templo no es empresa individual aislada. Cada uno aporta su trabajo, consciente de que otros continuarán la tarea. La construcción trasciende la biografía personal.

La conciencia de la obra inacabada impide el orgullo. Ningún Maestro puede considerarse culminación del proceso. Siempre habrá aspectos por revisar, aprendizajes pendientes, zonas de sombra por iluminar.

Esta percepción transforma la relación con el tiempo. No se trata de alcanzar una meta definitiva antes de que la vida concluya, sino de trabajar con fidelidad mientras se disponga de herramientas.

El símbolo del Templo en construcción recuerda que el sentido no reside en la finalización, sino en la dedicación constante. La calidad del trabajo importa más que la proclamación de resultados.

En la vida profana, la cultura del éxito suele medir el valor por la conclusión visible. Proyectos terminados, metas alcanzadas, objetivos cumplidos. El camino iniciático propone otra perspectiva: la fidelidad al proceso.

La obra inacabada enseña paciencia. Aceptar que ciertos cambios requieren tiempo, que algunas comprensiones maduran lentamente, que la coherencia se construye día a día.

También enseña tolerancia hacia la propia imperfección. No para justificarla, sino para trabajarla sin desesperación. La exigencia sin misericordia conduce al agotamiento; la indulgencia sin disciplina conduce a la negligencia. El equilibrio consiste en exigir y comprender al mismo tiempo.

He advertido que la conciencia de inacabamiento protege frente a la complacencia. Mantiene alerta, pero no inquieto. Invita a revisar sin obsesionarse.

Hay además una dimensión trascendente en esta idea. La construcción interior no se agota en los límites temporales. Lo que aquí se edifica trasciende la circunstancia concreta. La obra visible puede detenerse; la intención permanece.

Quizá por eso el símbolo nunca presenta un Templo completamente terminado. La construcción es permanente porque el crecimiento humano lo es.

Al mirar hacia atrás, percibo avances reales: mayor serenidad, mayor prudencia, mayor conciencia de responsabilidad. Pero también detecto zonas que reclaman atención. Esa mezcla de progreso y tarea pendiente constituye la condición misma del camino.

La obra inacabada no es carencia, sino invitación. No es señal de insuficiencia, sino recordatorio de dinamismo.

El Maestro que acepta esta realidad no se paraliza ante lo que falta; se compromete con lo que puede hacer hoy. No se angustia por la distancia hasta la perfección; se concentra en la calidad del siguiente gesto.

Tal vez la lección final sea esta: construir sin obsesionarse con concluir. Trabajar sin pretender cerrar definitivamente el proceso. Avanzar con conciencia de que cada etapa abre otra.

Cuando se asume esta perspectiva, el inicio y el final se aproximan. El Aprendiz permanece en el Maestro; el Maestro conserva algo del Aprendiz. El círculo se cierra solo para abrirse nuevamente.

La obra queda inacabada porque la vida continúa mientras haya conciencia. Y mientras haya conciencia, habrá tarea.

V. Epílogo

NUNC COEPI

(Ahora empiezo)

A lo largo de estas páginas he tratado de recorrer un itinerario: el del Aprendiz que aprende a mirarse, el del Compañero que ensancha su horizonte, el del Maestro que acepta la muerte simbólica como condición de una vida más consciente. Pero, al llegar aquí, siento que todo ese recorrido podría resumirse en una expresión breve y antigua que siempre me sedujo: *Nunc coepi.* Ahora empiezo.

La vida no se mide únicamente por los años vividos, sino por la intensidad con que se asumen. El tiempo, que durante la juventud parece un horizonte inagotable, va adquiriendo con los años un contorno más preciso. No como amenaza, sino como límite. Y el límite, lejos de empobrecer, da forma.

Cuando uno toma conciencia de que el tiempo es finito —y no como abstracción filosófica, sino como experiencia concreta— comienza a mirar de otro modo lo que hace, lo que dice y lo que calla. Se vuelve más selectivo en sus lecturas, en sus encuentros, en sus esfuerzos. Aprende a distinguir entre lo urgente y lo importante. Comprende que no podrá hacerlo todo, pero que puede hacer bien aquello que elige.

No me preocupa cuánto tiempo me quede. Me importa cómo habitarlo.

La enfermedad, que ha pasado a formar parte de mi biografía, no ha venido a oscurecer mi horizonte. Ha venido, más bien, a iluminarlo de otro modo. No la entiendo como castigo ni como interrupción, sino como recordatorio.

Recordatorio de que la vida no es posesión, sino préstamo; de que cada jornada es oportunidad; de que el trabajo sobre uno mismo no admite aplazamientos indefinidos.

Hay pruebas que no se eligen, pero que pueden asumirse con dignidad. Y he comprobado que, cuando se las mira sin miedo y sin dramatismo, se convierten en maestras discretas. Nos enseñan a relativizar lo superfluo, a valorar la presencia, a agradecer lo sencillo. Nos obligan a preguntarnos qué queda cuando todo lo accesorio cae.

Lo que queda, al menos en mi experiencia, es el deseo de seguir trabajando.

Trabajarme.

Durante años creí que el trabajo consistía en alcanzar metas, en lograr objetivos visibles, en dejar alguna huella. Con el tiempo comprendí que las metas exteriores, aunque legítimas, no eran lo esencial. En algún momento casi imperceptible, mis aspiraciones dejaron de situarse "en la vida" para situarse "en mi vida". No fue renuncia; fue desplazamiento. No fue derrota; fue maduración.

Ahora me importa más limar una arista que ganar una discusión. Me importa más comprender que tener razón. Me importa más reconciliarme que imponer.

He sido y sigo siendo un hombre con límites. No he aspirado a grandezas que superaran mi capacidad, pero he intentado ser coherente con aquello que entendía como deber. Esa coherencia ha tenido, en ocasiones, un precio. No siempre es cómodo mantenerse en pie cuando el entorno invita a inclinarse. Pero aprendí pronto que ceder en lo esencial tiene un coste más alto que soportar incomprensiones.

Esa fidelidad interior —imperfecta, siempre perfectible— ha sido uno de los ejes de mi vida. Y hoy, cuando el horizonte temporal se vuelve más visible, reafirmo esa opción con serenidad. No deseo vivir más; deseo vivir mejor. No deseo añadir días sin contenido; deseo que cada día tenga sentido.

Entiendo que la perfección no es meta alcanzable, sino dirección. Que la piedra nunca queda definitivamente pulida. Que la obra, incluso cuando parece terminada, puede afinarse. Y que el verdadero error no está en no haber concluido, sino en dejar de trabajar.

Por eso me acompaña con fuerza esa expresión latina: *Nunc coepi.* Ahora empiezo.

Empiezo a hablar con mayor delicadeza.

Empiezo a escuchar con más atención.

Empiezo a reconciliarme con mi propia sombra.

Empiezo a aceptar que no todo depende de mí.

Empiezo, cada día, a ser más consciente.

No se trata de ingenuidad tardía, sino de lucidez. De comprender que cada amanecer es una invitación a renacer interiormente. Que incluso a edad avanzada puede uno balbucear palabras nuevas, ensayar gestos distintos, corregir inercias antiguas.

La conciencia de la finitud no me paraliza; me impulsa. Saber que el tiempo es limitado me lleva a invertirlo con mayor cuidado. No puedo leer todos los libros, pero puedo leer con profundidad aquellos que me nutren. No puedo eliminar todas mis imperfecciones, pero puedo atenuar las más hirientes. No puedo evitar todos los errores, pero puedo procurar no repetirlos.

Y, sobre todo, puedo agradecer.

Agradecer lo vivido, lo aprendido, lo sufrido y lo amado. Agradecer las manos que me han acompañado, las palabras que me han corregido, las miradas que me han sostenido. Agradecer incluso las pruebas, porque han sido ocasión de crecimiento.

La alegría no depende de la ausencia de dificultad, sino de la actitud con que se afronta. La ilusión que me ha acompañado durante tantos años no ha disminuido; se ha transformado. Ya no es impaciencia por conquistar, sino serenidad por construir. Ya no es deseo de reconocimiento, sino deseo de coherencia.

Si algo quisiera dejar como huella final de este itinerario es precisamente eso: que el camino no termina mientras haya conciencia. Que la obra permanece inacabada, y que esa "inacabación" no es defecto, sino condición humana. Que siempre es posible empezar de nuevo.

Ahora empiezo.

Empiezo a vivir con mayor sobriedad y mayor profundidad. Empiezo a aceptar con naturalidad lo que no controlo. Empiezo a reconciliarme con mi historia y con mis límites. Empiezo a confiar en que, sea cual sea la extensión del trayecto que resta, puedo recorrerlo con dignidad y con alegría.

No sé cuánto tiempo me queda. Tampoco necesito saberlo.

Me basta con saber que hoy puedo trabajar.

Y mientras pueda trabajarme, mientras pueda pulir una arista, mientras pueda pedir perdón o dar gracias, mientras pueda leer un verso y conmoverme, mientras pueda decir una palabra amable o guardar un silencio necesario, la obra continúa.

El itinerario no concluye aquí.

La piedra sigue viva.

La construcción permanece abierta.

Nunc coepi.

www.ingramcontent.com/pod-product-compliance
Lightning Source LLC
LaVergne TN
LVHW041111080826
845145LV00007B/1776

* 9 7 8 8 4 0 9 8 4 3 6 4 0 *